北京市汽车制造技术专业分级制改革成果
高职高专“十二五”规划教材

职业教育分级制的探索与实践

——汽车制造与装配技术专业分级制改革

王　霆　王　京　吕世霞　著

机　械　工　业　出　版　社

本书以汽车制造与装配技术专业为例，系统地阐述了职业教育分级制改革的理论与实践。主要内容有：国内外职业教育综述、职业教育理论研究、汽车制造与装配技术专业职教体系构建、汽车制造技术专业职业4级人才培养方案及课程标准。

本书既适合职业院校教师和教学研究、管理人员阅读，又可以作为职业师资、管理人员的培训教材或参考书。

图书在版编目（CIP）数据

职业教育分级制的探索与实践：汽车制造与装配技术专业分级制改革/王霆，王京，吕世霞著. —北京：机械工业出版社，2016.5

北京市汽车制造技术专业分级制改革成果　高职高专“十二五”规划教材

ISBN 978-7-111-53393-1

Ⅰ.①职…　Ⅱ.①王…②王…③吕…　Ⅲ.①汽车-车辆制造-教育改革-高等职业教育②汽车-装配（机械）-教育改革-高等职业教育　Ⅳ.①U463-42

中国版本图书馆CIP数据核字（2016）第065356号

机械工业出版社（北京市百万庄大街22号　邮政编码100037）
策划编辑：王海峰　责任编辑：王英杰　王海峰　韩　冰
责任印制：常天培　责任校对：陈秀丽
北京京丰印刷厂印刷
2016年7月第1版·第1次印刷
184mm×260mm·9.5印张·225千字
标准书号：ISBN 978-7-111-53393-1
定价：29.00元

凡购本书，如有缺页、倒页、脱页，由本社发行部调换

电话服务	网络服务
服务咨询热线：010-88379833	机 工 官 网：www.cmpbook.com
读者购书热线：010-88379649	机 工 官 博：weibo.com/cmp1952
	教育服务网：www.cmpedu.com
封面无防伪标均为盗版	金　书　网：www.golden-book.com

前　言

职业教育担负着培养生产服务一线高素质劳动者和技能型人才的重要使命，是落实科教兴国战略和人才强国战略、全面提高国民素质和技能的重要途径。随着现代工业出现自动化程度高、技术更新快等新特点，职业教育改革仅仅停留在课程、专业层面是不够的。职业教育应顺应时代需求，从国际视野、国家发展、个人需求的角度去重新审视改革成效，构建终身教育体系。

《国家中长期教育改革和发展规划纲要（2010—2020 年）》颁布实施以来，北京市认真贯彻落实文件精神，以开展职业教育分级制改革试验为切入点，以开展中高职衔接办学改革试点为重要抓手，以满足人民群众接受职业教育的需求和经济社会发展对高素质劳动者及技能型人才需求的为目标，积极探索形成面向人人、面向终身，体现终身教育理念、中等和高等职业教育协调发展的现代职业教育体系，搭建各类教育纵向衔接、横向沟通的人才立交桥。

汽车制造与装配技术专业由于其产业背景深厚、校企合作扎实、专业基础稳定、发展趋势好、职业生涯分级特征明显等优势，2011 年被北京市遴选为“十二五”时期职业教育分级制度改革首批试验项目。时至今日，汽车制造与装配技术专业进行了改革的研究与实践，形成了相关的理论体系，制定了完整的分级制方案，构建了课程体系，开展了实训基地的建设，受到相关专家的肯定与好评。

本书由北京电子科技职业学院汽车工程学院王京、王纪东、马峻合著。

在本书的写作过程中，汽车工程学院的领导和老师们给予了无私的帮助，并提供了实际的课程案例，在此深表感谢！

由于编写时间仓促、作者水平有限，书中难免有疏漏之处，敬请读者斧正！

作　者

目　录

第1章 职业教育综述

1.1 国内职业教育综述

1.1.1 必然性

据教育部发布的《2012年全国教育事业发展统计公报》显示，全国中等职业教育（包括普通中等专业学校、职业高中、技工学校和成人中等专业学校）共有学校12663所，在校生达2113.69万人。其中，职业高中4517所，在校生623.05万人；普通中等专业学校3681所，在校生812.56万人；技工学校2901所，在校生423.81万人。普通高等学校本科、高职（专科）全日制在校生平均规模9675人，其中高职（专科）学校5858人。全国高中阶段教育（包括普通高中、成人高中、中等职业学校）在校学生4595.28万人，如果加上成人高中教育的人数（在校生14.42万人），则高中段接受职业教育的在校生人数占学生总人数的40.78%。

职业学校的在校生人数也在稳步增长，但是自1995年以来，中国出现了“普高热”。然而社会对普高的热情不可能是无时限、无止境的上升。特别是在社会主义市场经济运行的时期，普高的发展要受高校发展的影响，更要接受社会经济发展的制约。在工业发达国家，社会就业机会中30%由受过高等教育的人占有，其余70%是由受中等教育的人来承担。我国是发展中国家，社会就业机会绝大部分要由受过职业教育的人来承担。

在我国非义务教育的各级各类学校教育中，教育资源是大量的，教育任务是繁重的，我国的就业形势一直比较严峻，就业压力逐年增大。一方面是下岗人员、失业人员和新增劳动力增加，另一方面是一些企事业单位用人追求高学历化，给职业教育的发展带来困难和压力。近几年，社会上有些人总认为职业教育是低水平、低层次的教育，不仅轻视中等和初等职业教育，而且对近几年发展的高等职业教育也持轻视的态度，影响了职业教育的积极发展。因此提升职业教育的教学质量，对职业教育进行改革是至关重要的，也是势在必行的。只有改革才能使职业教育更好地结合社会需求、企业需要以及学生的培养目标，达到一个综合的最优效果。

我国在《国家中长期教育改革和发展规划纲要（2010—2020年）》中郑重提出“到2020年，形成适应经济发展方式转变和产业结构调整要求、体现终身教育理念、中等和高等职业教育协调发展的现代职业教育体系”的目标。

终身职业教育不仅包括中职和高职教育，还关注从业者就业后的深造，也就是个人职业生涯过程中的教育。终身职业教育是职业教育作为一种教育类型的层次完善，是高等教育和职业教育的有效衔接和转换，是职业教育连续性的体系构建，是满足从业者求学需求和推动产业持续发展的教育。

1.1.2 需求性

我国职业教育发展与英国有相似的"境遇"，一方面受"学而优则仕"思想的影响，在学历教育主导的教育体系中，职业教育备受"歧视"；另一方面职业教育的实施者本身就是高等教育的习得者。加上我国对职业教育的重视程度不够、起步晚、立法时间短，终身职业教育往往被教育机构在整体性思考中忽略。其实，它具有强烈的职业需求性，原因如下。

（1）国家经济持续发展的动力　在国民经济中，以汽车工业这一支柱产业为例，它的发展可以拉动就业、提高国民生产总值。汽车是新技术、新工艺、新设备的集合体，而据《中国汽车报》调查，目前90%以上的工人文化程度为高中及以下，在发达国家为60%，伴随该产业的发展必须有员工终身的职业教育为底层支撑。

（2）职业教育的层次不完善　由教育部等六部委联合公布的紧缺人才数据显示：到2020年，汽车工业需要5万名研发人员。汽车研发人员占技术人才的比例应达30%，而我国汽车工业仅不足8%。也就是说，掌握汽车制造技术的高端人才以及高级技工、技师等高技能型人才严重短缺，发达国家高级技工占工人总数的40%以上，而我国只有4.3%。缺乏知识结构能横跨汽车制造技术领域、电子技术领域、计算机技术领域的复合型技术人才，汽车产业的发展越来越快，因此对技术人才的知识结构要求就越来越高。大量的人员需要学习深造和职称晋升。而目前职业教育只有中专和高职层次，就业者要想再深造，只能转入普通高等教育体系，而高等教育和职业教育对目标人才的定位和入学对象的学习起点是不同的，势必造成这部分教育既没有达到高等教育的质量水平，也没有和实际工作紧密结合，更不能推动和促进就业者能力发展和满足工作岗位提升的需求，这是教学资源的严重浪费。

（3）职业生涯的路径设计不明晰　职业教育应该贯穿整个职业生涯，就业前的全日制教育和就业后的深造应该有明确的主线，前后保持技能增长的持续性和知识结构的逐步完善。

（4）职业教育的入学条件单一　从业人员的条件多种多样，职业教育必须面向人人，必须提供多种因人而异的入学条件和方式，以解决当前职业教育的入学条件单一化，以及年龄、前期教育等条件限制较多的问题。在入学条件中还应考虑从业者在多年工作中积累的经验，为他们设置科学的学制与课程。

（5）职业教育需求形式多样　随着经济的快速发展，我国劳动力呈现接受二次职业教育的结构特点。职业教育与就业密切相关，一方面我国就业者的技能还相当低，只有少数人能够进入大学学习，另一方面退伍军人、企业职工、农民工返乡等都需要进行二次职业技能培训。

1.2 国外职业教育综述

1.2.1 德国

德国人对技术的重视和对技艺高超的工匠的崇拜是由来已久的。"以技艺立身"这个传统观念对于其职业教育的蓬勃发展而言是非常有利的，也是职业教育在德国得到普遍认同的思想基础。德国有句俗语，"如果不教会年轻人一门手艺，就等于让他去偷。"

从生产力发展初级阶段的手工作坊式的、学徒式的技能传授，到规模化和体系化的形成，进而是“双元制”的蜚声海外，到现在的自省和思辨，保持本国特色和寻求国际化发展。德国的职业教育一直随着经济的发展和社会形态的变迁不断地变化、丰富和完善。

第二次世界大战后沦为战败国的德国经济和教育受到了极大的破坏，社会生活诸多方面都急需重建。在这样的前提下，“双元制”教育模式为德国战后的工业复苏提供了大量高水平技能人才，德国“双元制”职业教育被誉为战后德国经济腾飞的“秘密武器”。

“双元制”中的“一元”为用人企业，“一元”为职业学校，其核心是把企业进行的职业技能和工艺知识教育与职业学校进行的专业理论和普通文化知识教育相结合。“双元制”职业教育学制为 2 ~3.5 年，无入学条件。学生主要为中学毕业生，他们的智力特征以形象思维为主，目标是被培养成技术工人。根据课程设计，“双元制”教学是在企业和职业学校里交替进行的，学生约有 70% 的时间在企业，30% 的时间在学校。

德国“双元制”职教模式之所以能够成功，与其完善的管理体系密不可分。

首先，健全的法律法规保障了德国“双元制”的良好运行。德国宪法规定：教育管理主权在州，由州教育部门对本州教育实行统一管理。德国的职业教育由联邦议院立法，确定教育内容。联邦政府发布规定和措施，联邦职业教育研究所则起决策、协调和咨询的作用。各州议会根据本州实际情况对联邦政府的规定和措施颁布补充条例，各州教育部门负责管理职业学校，协调普通教育和职业教育的政策。这样的多层次管理体系既保证了职业教育总体目标的不偏移，又充分体现了各州不同的实际情况，还使各个部门之间权责明确，管理行之有效。

其次，雄厚的资金支持保障了德国“双元制”的健康发展。众所周知，办好职业教育需要大量的资金投入。德国《基本法》明确规定：国民生产总值的 1.1%、工资总收入的 2.5% 用于职业教育，并规定由议会审定监督。联邦政府、州政府、地方政府每年投入的教育经费合计占国民生产总值的 4.3%。企业直接资助则是“双元制”职业培训经费的另一主要渠道，企业投资建立职业培训中心，购置培训设备并负担实训教师的工资和学徒的培训津贴。此外还存在着个人资助、企业外集资资助和混合经费资助等模式。雄厚的资金保障了“双元制”职业教育的软硬件水平时刻处于世界的前列。

最后，高标准的人才培养目标保障了德国“双元制”的教育质量。德国“双元制”的职业教育在充分调动了企业参与职业教育发展的积极性和责任感的同时，还注重建立职教与普教的学历互通与认可机制，灵活设置课程、注重培养学生的综合能力等。这些条件的具备和在此基础上对“双元制”的实施为人才培养的高标准提供了源源不断的动力。

“双元制”是一种工学结合的教学模式，因此其考核必然包括“工”和“学”两部分，即考核既要包括满足就业的功利性要求，又要实现教育人的本性目标。归根结底是考核学生的职业能力。因为职业能力必须在整体化的实际工作任务、工作过程中实现和体现，因此以考核职业能力为目标的职业教育考核必须针对“解决综合性的实际工作任务”进行，其内容包含了技术、社会甚至环境等与工作过程相关的方方面面。传统考核方式仅限于口试、笔试、实操三种形式。显然传统考核并不能满足对学生职业能力的测试，因此德国职业教育界在传统考核方式的基础上根据不同的职业要求，遵循行动导向、接近实践和过程导向的原则演绎出多种考核方式。具体的方法一般包括文件编制、讲演、情景对话、工作考核等。这样的考核方式不但了解了学生对知识的掌握情况，更让学生体会了未来职业岗位的需求，明确了学生今后努力的方向。

在德国的各阶段职业教育发展的过程中，“双元制”带来的好处显而易见，它既为学生提供了实践的平台和就业的指南，又使学校与企业建立了紧密的联系，对于资源的共享、技术的及时更新都有极大的好处。“双元制”教育模式在全过程、全方位提高学生实践能力的同时，实现了各方利益共赢，这也是这种教育模式长盛不衰的根源所在。

1.2.2 英国

英国是世界上较早开展职业教育的国家之一。与德国“双元制”职教体系不同，英国实行的是以资格证书为中心的职教体系。1921 年英国首先在机械工程领域实施了资格证书制度，后来逐渐扩展到电力工程、化学、建筑、造船、纺织、商业等领域。起始阶段证书的鉴定、发放主要由各行业协会以及行会性质的团体来承担，因此造成各个部门互不相干，缺乏统一的规范化管理机制，同时与学历教育证书的脱节问题也未能得到解决。直到1986 年英国成立了权威机构——国家职业资格委员会（即 NCVQ），使职业资格证书制度走上规范化的轨道。它代表政府具体负责在全国范围内推行国家职业资格证书制度（即 NVQ 制度）。国家职业资格证书制度从低到高共划分为 5 个等级，各等级的具体标准见表 1-1。

表 1-1 国家职业资格证书制度等级标准

等级	标　准	职　务
1 级	能够从事日常工作，具有在各种常规的、可预测的工作活动中运用知识的能力	半熟练工
2 级	具有在各种环境下运用知识，完成各种工作活动的能力。有些活动是复杂的和非常规性的，并且要承担一定的责任和享有一定的自主权，还可能需要经常以工作团队或小组的形式与人合作	熟练工
3 级	具有在广泛的多种多样的，多半属于复杂的和非常规性的环境中完成各种工作活动的能力。能承担相当大的责任和享有相当大的自主权，并具有管理和指导他人工作的能力	技术员 初级管理者
4 级	有能力在较广的范围内、各种不同的条件下从事一系列复杂的专业技术工作，并能为自己、他人以及资源的分配负有较大的责任。具有在广泛领域从事技术复杂、专业性强、条件多变的工作活动的能力。能担负很大的职责，具有很大的自主权	高级技工 中级管理者
5 级	在极为广阔的范围内、通常是不可预见的多种多样的环境中从事涉及范围相当广的基本原理应用的工作能力。个人享有极大的自主权，对他人的工作和大量的资源的配置负有很大责任，还要对分析和决策、设计、计划、执行和考评承担责任	工程师 高级管理者

NVQ 证书面向成人，也包括 16 ~ 19 岁的青年，它几乎覆盖了英国所有的职业领域，在英国全境都得到承认，可用于表明一个人的工作能力。

为了更好地将学历教育与职业培训相结合，在职业资格和学历证书之间建立一座桥梁，使职业教育在更广泛的范围内得到发展。英国在 NVQ 证书的基础上推出了普通国家职业资格证书（即 GNVQ）。它被设计成一种提供更宽泛的教育，是为培训、继续教育和高等教育打基础的教育，主要培养学生的普通技能、知识和理解力。学生通过 GNVQ 课程的学习可以掌握一系列职业工作所需的通用技能、知识和理解力，为完成进一步培训、接受高等教育或步入社会就业做准备。NVQ 制度与传统教育或学历证书以及 GNVQ 制度共同构成英国现行的职业资格证书体系。

英国职业资格证书制度采取的是竞争性分权管理。这是一种基于非政府性质的颁证机构推行和监管职业资格证书的方式，是资格市场自由竞争产生的结果。英国的职业教育建立了从教育与技能部到考评员的管理体系，各级别之间权责明确，各司其职，保证了证书颁发的公平合理性，其管理体系如图 1-1 所示。

英国职业教育经过九十余年的发展，其资格证书制度已经成为全球职业教育模式的典范之一，其发展历程对我国职业教育具有深刻启示。

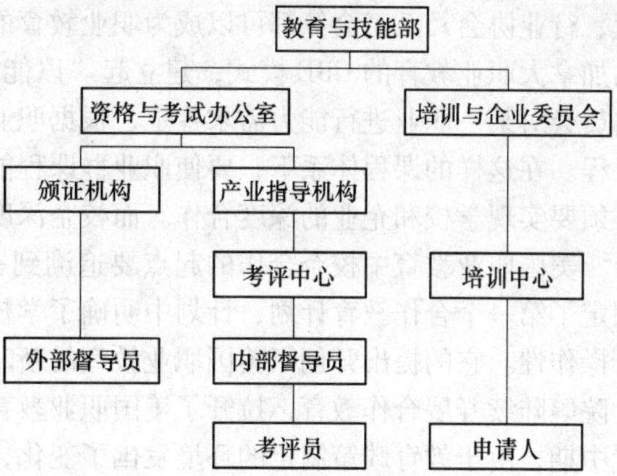

图 1-1　英国职业资格证书制度管理体系

首先，建立了完善的法律体系。为了保证职业资格证书受到全社会的广泛认可和尊重，英国建立了完善的职业教育法律体系，对职业资格证书制度进行的任何一项改革和改进的措施都是有法律依据的，并且是由法律先行推进的。这就从根本上保证了职业资格认证的规范化、持续化和高标准化。正是由于英国的法律法规体系的不断完善，才使得其职业资格证书逐步从原来的缓慢、无序的发展状态步入高效、快速、有序的发展轨道，实现了职业资格证书的权威性、科学性和规范化。

其次，资格证书不仅局限于证书本身。传统的资格证书仅为就业准备，其功能和取得过程与普教体系分离。而英国目前的职业资格证书体系已不再是单纯为职业而设计的独立体，而是与普通教育学术证书相互衔接、相互沟通的多维体。职业资格证书不仅是从业者职业能力的证明，也是其学习能力的证明。持有一定等级职业资格证书的学生同样可以升入普通高等院校继续深造。

再次，证书不再是由教育部门决定考核内容。传统的资格证书往往是以教育部门为主，联合部分行业共同制定考核内容。这样的模式容易使证书考核的过程中出现重理论轻实践的倾向。英国国家职业资格标准则完全是根据产业部门的实际需要来制定的。这种以国家职业标准为导向的教育培训目标，使现代教育培训不再以传统学科为目标，而是根据产业界职业岗位需要，以结合生产和技术实际的职业资格为目标。为了更好地制定职业标准，英国还开发了职业功能分析法，突破了传统的学科分析体系。采用职业功能分析法来制定职业标准，不仅能客观地反映企业的实际需要，使培训、考评活动密切联系工作实际，而且把复杂的职业分解为简单易行的、单一的单元和要素等形式，为培训、考评计划的制定和实施提供了一个可以直接利用的基本框架。

最后，证书的考核以工作能力为本位。在英国资格证书考核体系中，为了考察从业者的真实的工作能力，考评结果的依据不在于最终的一次考试成绩，而是根据学生在整个学习过程中所展现出来的各种形式的证据来做出最终的评价。这比单凭一次考试来定论具有更大的客观性和科学性，同时也便于反映不同学习背景下的学习结果。除了笔试和实际操作能力外，还包括课业、报告、论文、案例分析、产品制作、教学活动、课外项目、口试、录像带和录音带等，这些成果都会被作为学生学习的结果予以评价，并给出成绩等级。

这些方法与措施保证了英国职教体系中每一张证书都具有高质量，证书就是质量的观念深入人心，职业资格证书具有较高的社会认可度。

1.2.3 美国

美国的职业教育与其他国家不同，其办学机构呈多元化。除传统教育机构外，工商企业、行业协会乃至工会等都可以成为职业教育的办学主体。其办学模式借鉴同处于北美地区的加拿大职业教育的 CBE 模式，建立起“以能力为本位”的职业教育培养模式，即由专家委员会对某一职业进行能力需求鉴定，根据职业所需求的能力设置课程，形成一个个职业群课程。在这样的课程体系下，要使职业群课程能够贴近企业，满足企业用工岗位的需求，就必须要实现学校和企业的深度合作。而校企深度合作正是美国职业教育的显著特点。

美国职业教育中校企合作的起点要追溯到一个多世纪以前。1906 年美国辛辛那提大学制定了第一个合作教育计划，计划中明确了学校、教师、雇主以及学生的职责，具有很强的可操作性。它的提出开创了美国职业教育的新时代。随后几年中，美国东北大学、麻省理工学院等陆续开展合作教育，拉开了美国职业教育校企合作蓬勃发展的序幕。到 20 世纪 60 年代中期，由于教育政策制定的环境发生了变化，企业家的热情开始削减，校企合作的热情有所遏制。到 20 世纪 80 年代初期，美国公众对公立学校教学质量的质疑声不断，企业对新聘员工的素质也怨声载道，这些从高中毕业生中招来的雇员，数学、英语等基本知识较差，并缺乏良好的工作习惯，还不肯安心工作等。在这一背景下，美国的学校与企业界开始重新审视自己的教育政策与理念，校企合作又一次被提出，成为拯救当时美国教育的“灵丹妙药”。进入 21 世纪以来，美国政府、学校和企业对已开展的各项校企合作项目进行不间断的跟踪调查，对校企合作的模式及时归纳总结，同时努力在实践中探索更为合适的新的校企合作模式与方法。

美国职业教育体系中，合作教育计划是出现最早且发展最完善的一种校企合作方式。合作教育的“合作”是指学校、企业雇主和学生三方的合作，美国的合作教育是以劳动和教学相结合、工学交替为原则的职业教育方式。在其发展模式上归纳起来大致有如下几种：交替式模式、并行式模式、契约模式、双重制模式、美国海军军官学校合作教育模式等，其中交替式模式、并行式模式、契约模式为美国目前最主要的合作教育模式。除了合作教育之外，企业内部培训中心和企业大学是另外两种比较常见的校企合作模式。企业内部培训中心是建立在企业内部，进行与本职工作有关的短期的职业教育与培训。其主要目的：一是对新员工进行上岗前培训，使之具备从事本职工作所需的职业道德、工作态度、知识和技能等；二是在采用新工艺、新技术或推出新产品时，先培训一部分技术骨干，再由这些技术骨干去指导其他工人；三是培养技术工人的后备力量，加强人才储备，使技术工作后继有人。特别是在第二次世界大战后，大多数企业家认识到技术更新速度已经是学校职业教育所不能企及的，加上联邦政府对企业职业教育方面的支持，许多企业纷纷加大了在内部建立培训中心的力度。而企业大学则是由企业出资建立，以企业高层管理人员、一流的商学院教授及专业培训师为师资，通过案例研讨、互动教学等实效性手段，以培养企业内部员工和企业价值链合作者为目的，满足人们终身学习需要的一种新型教育培训组织。企业大学以其明确的办学目标、灵活的学习方式和充裕的经费保证了其较高的教学质量。最后一种校企合作模式则是企业与高校合作的员工培训。高等院校根据企业需要，为企业员工提供各种层次的课程，将员工在企业内部培训班的学习内容转换为大学的有关课程，完成学习后，企业与高等院校共同授予学位。这样多种类的校企合作方式适应了不同企业的情况，也保证了美国公民终身受教育的权利。

1.2.4　瑞士

提到瑞士，人们自然就会联想到制表业的发达。目前市场上的名表大多产于瑞士。瑞士制表业的长盛不衰也得益于其职业教育培养出源源不断的优秀技工对其技艺的传承。现代学徒制是瑞士职业教育的典型模式。瑞士现代学徒制的确立既是对传统学徒制继承和批判的结果，也是现代职业教育发展的结果。远在中世纪，瑞士也和欧洲其他国家一样，技术的传承主要采用传统的学徒制模式来完成。到了 19 世纪，自由贸易协定和铁路的出现，促使瑞士的企业参与到世界经济竞争中。手工业和许多小工业在国际竞争中处于不利的地位，其中一个重要原因就是这些企业缺少受过培训的工人。此后，职业技术教育在瑞士越来越得到社会各界的重视。到第二次世界大战后，瑞士以双元学习为特征的现代学徒制得到了较大发展。到了 21 世纪，瑞士的学徒制已经成为瑞士社会生活的一个重要部分。现在，许多瑞士青年在初中毕业后，选择进入职业教育系统进行学习，而不是普通高中。现代学徒制以其灵活的学习方式和务实的培训效果不但为瑞士青年初中后教育提供了多样的选择机会，也为瑞士人均教育水平的提高做出了贡献。

瑞士的教育体制深受联邦政体的影响，在国家一级设有联邦教育部，各州设有自己的州级教育管理机构，州以下的市镇同样具有教育自治权。联邦政府只有原则立法权，实施则主要由各州根据各自的情况来完成，各州又均有自己的教育法。瑞士职业教育经费的来源主要是公共资金的投入，包括联邦、州及市镇的投入。州是公共职业教育经费的主要承担者，其投入比例为整个职业教育经费的 3/4；其次是联邦，其投入比例应达到公共职业教育经费的 1/4；市镇也会相应地投入一些资金用以支持职业教育的发展，但其比例不大。公共职业教育经费主要流向职业学校，因而学生在职业学校的学习都是免费的。还有一部分公共职业教育经费流向实施入门培训的培训中心，但培训中心一般由企业联合会开办，其经费除国家承担一小部分外，其他则由企业主、企业联合会支付。企业的培训费用则完全由企业支付，此外，企业还要支付一定的报酬给学徒。但由于学徒在培训中参与了实际工作，为企业创造了产值，因此企业在培训学徒的过程中，实际上是盈利的。这也就进一步推动了学徒制的发展。

瑞士学徒制职业教育模式的另一个显著特征是其三元学习结构。首先是企业培训，企业培训是学徒培训的重心，学徒在企业中学习的时间占整个学习时间的 70% 以上，学徒在企业内一般是通过完成实际的生产任务来训练技能的，并加深对在职业学校所学知识的理解。其次是入门培训，入门培训一般由行业协会组织，在培训中心进行，主要采取集中授课的方式，每周上 4～5 天的课，学习内容主要为从事某一职业所需的专业基础知识和工作指导。最后是职业学校的学习，与企业签订培训合同的学徒工还必须完成职业学校的学习任务。职业学校学习的内容主要是与学徒所学专业相关的理论知识和普通文化知识，这既与企业中的实践学习互为补充，加深对实践操作的理解，也为学徒以后的进一步学习打下基础。学徒期满后，学徒就要参加由本地区考试委员会组织的毕业考试。考试合格后，领取相应的证书才可以成为正式工人。

瑞士现代学徒制职业教育模式对我们的启示：首先要面向市场，开放办学，适应社会经济发展的需要。瑞士职业教育的专业设置与现阶段的经济发展需要相结合，使得人才培养极具针对性和适应性。其次要明确教学目标。瑞士职业教育的培养目标十分明确，都是以就业为导向的，学科的分类和设置与市场劳动力需求的变化随时保持密切一致，这就使得学生毕业后较少出现专业不对口、就业难等问题。站在企业的角度上来说，企业也更容易招聘到合适的专业人才。最后是以实践为导向，促进校企合作良性互动。单凭职业学校的力量是远远达不到培养应用型、技能型人才这一要求的。瑞士实施的“学徒制”和“三元制”办学模式既保证了学徒能够学到相应的技能，又能够使企业在培训中获得利润，这样双赢的结局是学生和企业都愿意看到的。

1.2.5 澳大利亚

自20世纪80年代末以来，澳大利亚对职业教育进行了一系列重大改革。一方面使澳大利亚迅速跻身于世界职业教育发达国家的行列，另一方面使职业教育成为促进澳大利亚经济发展的重要力量。澳大利亚政府将职业教育视为经济发展的助推器，认为职业教育与培训是提高国家综合竞争能力的重要手段。正是在这样一种理念的指导下，经过10多年的改革与发展，澳大利亚逐渐建立起了一套新的职业教育与培训体制，该体制以TAFE学院为办学主体，其中的核心就是国家培训包制度。从实践情况来看，这套制度富于灵活性，能够适应不断变化的全球经济技术进步的要求，反映了国际职业教育发展的新趋势，具有一定的普遍性。同时，这套制度也代表了现代发达国家对于职业教育与就业、劳动力与市场、产业发展等方面的新理念。目前，培训包已经成为澳大利亚全国职业教育与培训的统一指南，使澳大利亚全国职业教育与培训工作的开展有了统一的指导，进而实现了职业教育从“供给导向型”向“需求导向型”的根本转变。

澳大利亚是一个只有200多年历史的工业化国家。在教育方面，澳大利亚承袭了英国的传统，但从20世纪80年代以来也进行了卓有成效的改革，建立了澳大利亚职业教育与培训（VET）体系，该体系是继义务教育之后的一种教育与培训体系，向人们提供工作所需的知识和技能。VET体系已经成为澳大利亚经济与社会发展的重要的推动力量之一。

在VET体系中将学习者分为三类，即寻求职业者、职业提升者和自我发展者。体系中针对每一类学生均有明确的目标引导，开发了不同的培训包，做到有的放矢，使学习更加具有针对性。

在培训包制度出台以前，澳大利亚政府是通过认可学科的办法来管理职业教育与培训的。行业培训仅限于一个很狭窄的范围，这种办法造成各行业的渗透性不强，而且培训速度太慢，无法满足澳大利亚迅速发展的劳动力市场的需求。培训包则通过一个行业的管理过程，将以前相互不连接的职业能力标准、学科、学历以及学习辅导材料联系起来，并且为全国认可的证书、学历课程的学习和评估创造了一整套的工具。从1998年发展至今，培训包可以说是澳大利亚职业教育与培训改革最成功的成果之一。

每个培训包主要包括两部分内容：国家认证部分和辅助材料。国家认证部分包括国家能力标准、国家资格框架和评估指南等三项内容，这是培训包的主体。辅助材料包括学习策略、评估材料、职业发展材料等三方面内容。国家认证部分中国家能力标准是对个人在工作场所中有效完成岗位任务所需的知识和技能的描述，该技能和知识由行业确定，并将相关的知识和技能进行组合、打包，且与澳大利亚学历资格框架（AQF）所有资格相对应。国家资格框架是对所有资格证书的等级以及各级资格证书包含的能力组合的描述，当学生达到所描述的能力要求，可以颁发国家承认的资格证书，即AQF规定的各种资格和证书。评估指南是对个人能力表现达到能力标准的要求的描述，其目的是确保对个人能力表现的评估达到有效性、可靠性、公平性和一致性。辅助材料是对培训包认证部分的补充，是注册培训机构办学的指导性材料，对学生学习及参加考核鉴定起指导作用。

澳大利亚职业教育培训包的特点是：首先，培训包的内容由行业制定，培训包为行业服务。培训包是由国家行业培训顾问机构受官方委托开发的。各行业根据自己不同的工作领域以及各领域间的联系决定其所需要的培训包，企业也可以设置自己的培训包，但是必须达到与行业培训包相同的质量标准。其次，阐明了职教的能力标准与普教的学历对应关系。澳大利亚资格框架下设有六个职业教育和培训的资格证书，它们分别是一级至四级证书、文凭和高级文凭。其中，一级、二级证书同学校教育体系的一级、二级证书相连接，文凭和高级文凭同高等教育的文凭和高级文凭相连接，从而构成了灵活且完整的澳大利亚资格框架。此外，培训包都尽量灵活，给予企业和个人足够的空间，人们可以依据自己的学习和相关工作经历，选择适合自己的资格证书学习起点，或者依据自己的需要和兴趣继续学习，从而实现了面向人人的终身教育。最后，采用多种考核形式，注重能力的考核。培训包的考核可以在培训机构也可以在相关企业进行，也可以是将两种结合起来。考核包括观测、口试、现场操作、第三者评价、证明书、面谈、自评、提交案例分析报告、工件制作、书面答卷、录像等11种，通过受训者在完成指定的任务中所表现出来的能力进行评价，全面考核学生的工作能力、管理能力、协调应变能力以及与他人合作的能力。

1.2.6 日本

第二次世界大战后，日本在一片废墟中起步，历经几代人的努力，其科学技术和经济水平达到了很高的高度。虽然有外力扶持的因素，但和日本国内重视职业教育也是分不开的。职业技术教育作为日本教育系统中重要组成部分，得到了政府在法令、政策、计划等一系列的支持，并在各项具体方面采取了有效措施，使职业教育不断得到改善与扩充。如今在日本已经形成了一个多层次、多类型的比较完善的职业技术教育体系。

第二次世界大战以前，日本的高等教育制度是一种典型的多轨制体系，各类教育之间在制度上和课程上有严格的界限。第二次世界大战结束以后，日本对原来的教育制度进行了民主化的改革，建立了新的“六、三、三、四”制的教育体系。到20世纪50年代末，日本经济开始从战后恢复期进入高速成长期，理工方面的高级科技人才，尤其是应用型技术人才的需求和供给之间的矛盾加剧；到20世纪60年代，日本经济进入高度发展的时期，随着科技和经济的发展，企业急需大量的技术劳动者。在这样的背景下，经过近半个世纪的发展，日本的职业技术教育形成了多层次、开放性、适应日本经济发展的体系。

日本现行的职业教育体系包括学校职业教育、企业内的职业培训与公共职业培训三大部分。其中，学校职业教育统属文部省管理，企业内的职业培训和公共职业培训统属劳动省管辖。

学校职业教育涉及的学校类型主要有高等专门学校、短期大学、专修学校等。高等专门学校招收初中毕业生，进行相当于五年一贯制的职业技术教育，类似于我国的五年高职学制，普通基础教育与专业教育穿插进行，教学上更注重实际操作与实习。短期大学以高中毕业生及具有同等资格的人为招生对象，学制为 2～3 年，其目的是为高中毕业生提高普通的专业的高等教育，培养产业界所需的中级技术人才。短期大学中家政和人文等学科的比例占半数以上，学生以女生居多。专修学校的主要目标是进行实用性的职业技术教育，学制为 1～3 年不等。它在日本职业技术体系中占有重要地位，其规模已超过短期大学。专修学校的最大特点是依赖市场机制来运作，设置标准比较宽松，具有学校及课程设置上的灵活性和机动性、教育内容及方法上的实用性和多样性，因而能主动地适应多样化的社会教育需求。

企业内的职业技术教育主要是工人教育、技术人员教育和管理人员教育三大类。工人教育主要是对新员工的入职培训。日本企业的新员工入厂后一般都要经过半年左右的教育和训练，一些专业性较强的职位则要经过九个月到一年的教育培训，其目的在于使新员工了解本企业各方面的条件，熟悉工作环境和各项规章制度，为更好地参加生产做好各方面的准备。在日本企业内的技术人员虽然都是大学毕业生，但被企业录用后，仍需要接受一系列的技术人员教育和训练。大学毕业生到企业后，首先要去生产第一线当工人，有的还要到销售门店去服务，以获得生产和销售的实践经验。在此基础上，由有经验的技术人员或基层干部指导，自始至终去完成一项技术工作，获得从事技术工作的实际经验。同时，指定他们学习本专业的技术基础知识和专业技术知识，并给以指导和讲解；然后根据实际工作能力和理论知识加以考核。此外，日本各企业对管理人员的教育也很重视。管理人员培训方法是在企业内的培训中心或研修中心，对各级管理人员进行定期轮训或开办专题讲座。

1.3　结论

从世界强国的发展经验来看，中国要从制造大国发展为制造强国，必须做好职业教育。近年来，职业教育越来越受到国家的重视，在课程、专业层面开展了积极有效的改革。但随着科技的进步，现代工业出现自动化程度高、技术更新快等新特点，职业教育仅停留在阶段性、片面性的改革是不够的，应顺应时代需求从国际视野、国家发展、个人需求的角度去重新审视改革成效，构建终身教育体系。

第2章　理论研究

2.1　职业根本性

职业教育既要遵循“教育”的规律性，又要具有“职业”特色性，还要满足“职业”需求性。职业教育分级制度从分析职业活动的本质、挖掘职业活动的特点、探索职业活动的规律和要求出发，研究职业人才的教育方法和路径，构建符合社会职业活动特点和顺应职业人的职业发展规律，以及面向人人、服务终身的教育制度和教育体系。

目前，职业教育与普通教育是国家教育制度中两个主要的人才培养体系。两者的特点不同、规律有异、针对性有明显的区别，但两者应互为补充、协调发展，共同服务于人的全面发展和终身发展。职业教育的出发点是职业，研究不同职业的分类情况、职业技能标准、职业活动规律和人才工作规律，重点是培养人的职业胜任能力。普通教育是对人类既往知识、技术、经验的传承和弘扬，一般按照学科体系设置教学科目，把系统学科知识作为教育内容，实践性的教育是为了更好地理解、掌握、运用知识。职业活动是人类改造世界的特定实践，是正在发生着的劳动行为。职业活动的目标具有现实性、复杂性、多样性和多变性，使职业教育面对的教育需求要远远超出人类已经形成的学科门类和知识体系范畴，职业教育比普通教育的研究对象更为复杂。同时，职业教育同经济社会发展需求联系得最为紧密，社会新变化、科技进步和生产力发展新成果、经济发展方式转变和产业结构调整的新要求最先反映到职业教育上，在共同面对时刻变化的、不断增长的新需求时，职业教育比普通教育应变反应更为迅速。

2.2　终身分级性

职业教育从一种类型来看，应该建立相对独立合理的层次结构和完整的体系结构。目前我国职业教育只设置了中等职业教育、高等职业教育两种模式，无法满足社会分工多样化和人才职业生涯发展的需求。职业教育作为一个教育体系，借用普通学历教育层次结构和相应标准是不科学和不适应的。根据职业教育的“职业”特征，应当按照职业活动规律和职业能力要求来建立层次结构和制定教育标准，构建符合自身规律的职业教育学历制度。

如何对职业教育分级？从工作技能发展的角度看，我国已经建立了国家职业资格制度，将国家职业资格分为五级，自低到高依次为五级、四级、三级、二级、一级，分别对应于初级工、中级工、高级工、技师和高级技师。从工作职位发展的角度看，现代企业或社会组织考虑到管理幅度与管理效率的关系，在职位设置上也具有比较典型的层次规律和分级特征。客观上，不同性质的行业、企业、工种、岗位往往采用不同的层次划分标准和依据，或者按照技能水平的高低或者按照管理责任的大小，或者管理和技术技能要求相融合。从国际经验看，职业教育划分为多少个层次是相对的。由于国情不同、采用分级方法和尺度不同，各国职业教育或职业资格框架结构不同，有 8 级（德国、捷克）、6 级（澳大利亚）、5 级（英国、法国）等不同分法。北京市职业教育分级制改革，通过对典型行业、企业的职业调查和职业分析，能够建立比较合理的层次结构，为职业教育层次分级提供了实践依据。根据北京市以及全国的职业教育发展现实，在初中后教育分流基础上，采用 5 级为基础，纵向上可以发展的职业教育 5 + X 分级结构模型，形成我国的职业教育分级体系。职业教育分级促进了人才培养模式多样化和教育教学管理的柔性化，使得社会成员进入职业教育体系学习更为便捷，终身学习路径更为畅通。职业教育体系与普教体系接轨路径如图 2-1 所示，职业教育体系分为 1 级 ~ 5 + 级，初中毕业生可以进入普教体系，也可以进入职业教育体系。职业教育 2 级等同于普通高中教育，职业教育 5 级等同于本科教育，职业教育 5 + 级等同于研究生教育，在两个体系中可以有限制条件地互相跨越，实现教育立交桥的融通。

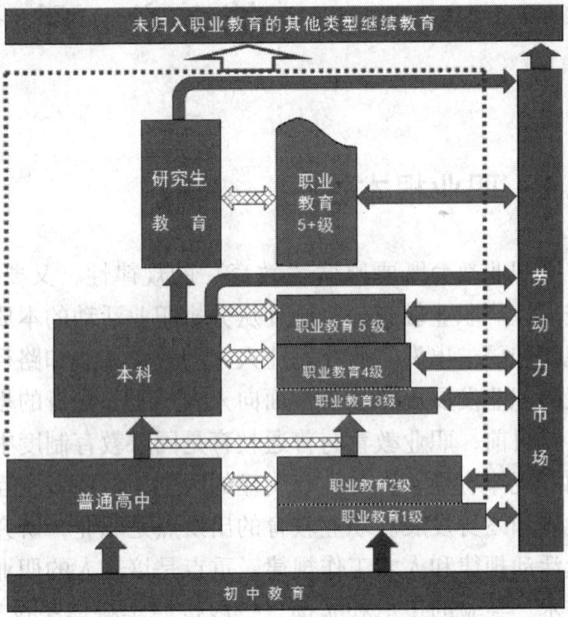

图 2-1　职业教育体系与普教体系接轨路径

2.3　路径螺旋性

在对企业用工需求调研的基础上，找出每个职业级别的核心岗位，对该岗位进行能力与素质要求的分析，遵照企业岗位级别划分标准，制定人才培养方案（能力目标、知识目标和素质目标），结合职业教育需求，遵循职业教育规律和校企教学条件（产教学一体化、人才结构层次化、能力递进阶段化、终身教育持续化和成才途径多元化）制定教学实施方案，教学质量考核与评价的结果回到职业岗位群中进行对比和反思，为下一轮教学方案的修正提供依据，如此循环往复，在螺旋式路径中不断提高教育教学质量。职业教育形成路径如图 2-2 所示。

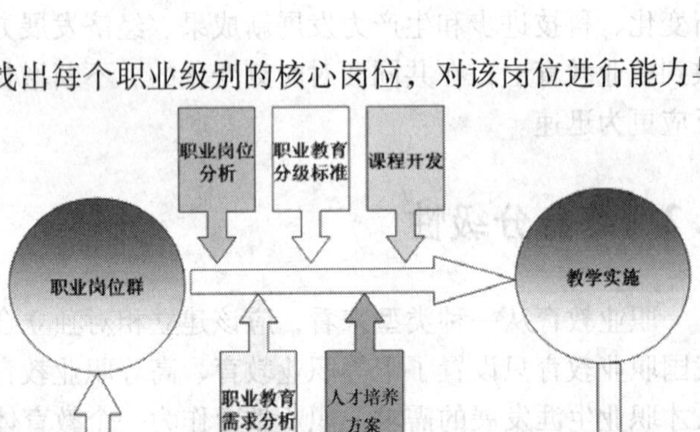

图 2-2　职业教育形成路径

2.4　目标岗位性

职业教育目标就是培养职业人。职业教育以能完成职业活动为目的，通过培养，被培养者获得职业能力，这种能力能使他们成为满足经济社会发展需要的高素质劳动者和技能型人才。职业教育活动既要遵循教育的普遍规律、满足人人都需要培养的普遍性要求，又要融合和反映某种职业活动的具体要求。职业教育体系衔接教育体系与产业体系，目的是使教育对象完成从学生向工作者、从低级别技能劳动者向高级别技能劳动者转换和过渡的任务。

北京市职业教育分级制度改革实践把关于职业教育目标的讨论引向深入，提出了职业教育目标分类框架，将职业教育目标分为社会能力、操作能力、发展能力三个方面。

社会能力是指受教育者在未来从事特定职业活动时，作为一个合格的职业人所需具备的与他人交往、合作及共同生活和工作的能力和素质，包括职业道道、法律责任、健康安全、环境保护、沟通交流和与人合作六个方面，如图2-3所示。

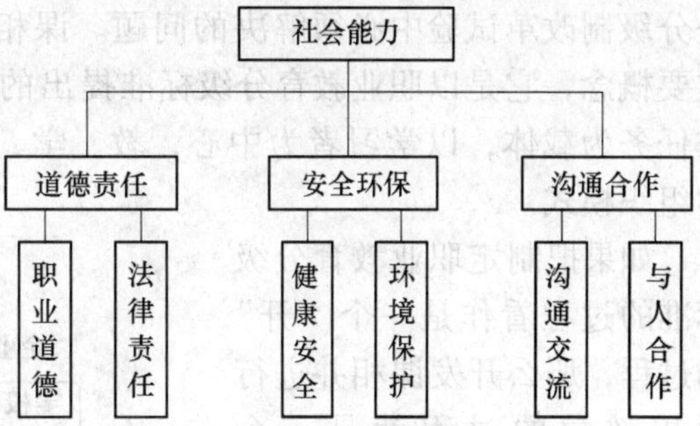

图2-3 社会能力

操作能力是指受教育者未来从事特定职业工作所必须具备的基本职业技能，以及为实现最优绩效所应具备的主要能力，包括执行规范和标准、运用工具和方法完成工作任务以及持续改进、提高绩效等关键能力。操作能力具体划分为专业能力和通用能力两个方面。专业能力指完成职业岗位要求应具备的能力，包括特定的规范、技术、工具、方法、对象、环境等，根据不同岗位性质可依照国家职业技能标准的相关要求确定，也可依照行业职业技能标准、企业或其他社会组织的岗位规范、国际职业技能标准来确定。通用能力指在专业能力之外，在相近相关岗位可迁移的能力，包括通用技术能力、信息处理能力、数字应用能力、自我学习能力、外语应用能力等，如图2-4所示。

为了适应当今社会时刻发生的新变化、新需求，确保职场上的成功，一名职业人仅具备基本的职业技能还很不够，“必须不断提高认知能力，必须具有分析、转换和创造信息的能力，同时还必须具备与他人合作共事并终身学习的能力”（格林斯潘，2003）。发展能力是指在社会能力、操作能力的基础上，受教育者为了在一定的职业领域进行开拓、变革和创新，实现职业发展和人生价值，在接受职业教育过程中需要培养和体验的重要能力，包括学习能力、信息能力和创业能力三个方面。学习能力是指具有终身学习理念、良好学习习惯和正确学习方法，针对实际问题和需求，开展有效学习的能力。信息能力是指处于信息化社会的合格职业人应该具备的信息意识、思维和视野，以及围绕职业活动目标识别、收集、分析、处理和利用信息的能力。创业能力是指基于

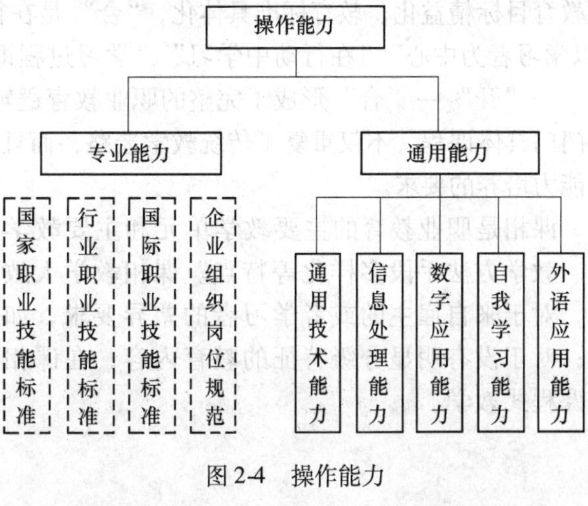

图2-4 操作能力

职业背景，具有发现市场机会、创建团队、建立盈利模式以及风险管理的能力。职业教育的发展能力目标与教育对象的素质和潜能相关，更加关注个性化的发展需求。

2.5 教学课相性

实施职业教育分级制度对原来职业学校的课程体系提出了挑战。如何使教学内容和教学方式赋予“等级”和“水平”的含义，职业教育分级用什么标志性教学任务相区别，是分级制改革试验中必须解决的问题。课相就是在职业教育分级制度改革试验中提出的重要概念，它是以职业教育分级标准提出的能力目标为依据，以实际职业活动或典型工作任务为载体，以学习者为中心，教、学、训、做、评相融合的职业教育教学任务和教学组织模式。

如果把制定职业教育分级标准的过程看作是一个“开”的过程，那么开发课相并进行课相教学的过程就是一个“合”的过程，如图 2-5 所示。前者从职业分析入手，结合国家职业技能标准、行业技能标准或企业培训标准和要求，将特定职业活动需要的职业能力、素质和要求解构，拆分为若干个能力单元、知识单元，形成了职业教育分级标准。后者则是将一个实际职业活动或典型工作任务作为教学载体，依据职业教育分级标准组织教学内容，参照工作过程设计教学过程，按照职业能力培养规律安排教学时间、方式和资源，完成融教、学、训、做、评为一体的课相设计开发。“开”是将教育目标精益化、教育标准具体化，“合”是在行动中解决综合职业能力培养问题，体现“以学习者为中心”“在行动中学习”“学习过程即是评价过程”等核心教学理念和教学要求。一“开”一“合”形成了完整的职业教育逻辑。如果在“开”之后的教学活动仍然为一门门具体课程，不仅重复了传统教学老路，而且达不到职业教育标准规定的各层级综合职业能力培养的要求。

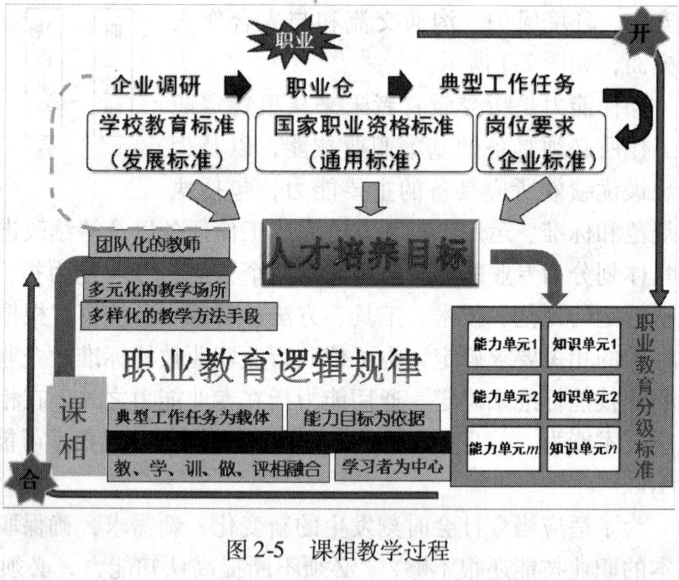

图 2-5 课相教学过程

课相是职业教育的主要教学单元和主要教学形式，具有教师团队化、教学场所多元化、教学方法手段多样化等特点。课相教学大致占总学时的 2/3 以上。课相并不排斥课程，对于来自雇主的或者学习者的差异要求，如果在课相中无法满足，应采取课程式教学；对于没有明显分级特征的教育内容，在课相中不能安排而需要单独安排的，也应采取课程式教学。

第3章　职业教育体系

3.1　产业背景

1994年我国颁布了《汽车制造业产业政策》，确定了汽车制造业真正成为支柱产业的战略方针和措施，我国汽车制造业在国民经济中发挥着越来越大的作用。2009年，北京汽车制造业已成为名副其实的北京现代制造业第一支柱产业。2009年上半年，北汽控股公司的产值、收入等指标首次跃居北京工业企业第一位，销售汽车58.2万辆，同比增长28%；销售收入515.49亿元，同比增长14.53%，利润25亿元，同比增长77.88%。2010年，北汽控股公司的产值、收入等指标仍居北京工业企业第一位，销售汽车1489865辆。

北京汽车工业目前拥有北京奔驰汽车有限公司、北京福田汽车股份有限公司、北京现代汽车有限公司、北京汽车制造厂有限公司四大整车厂，做强北汽福田、做大北京现代、做精北京奔驰、做专北汽有限，是北京汽车全新的整车平台布局。

汽车整车厂的发展必定带动零部件生产的发展，如伟世通、摩比斯等一批著名汽车配套生产企业相继落户北京，仅为北京现代汽车配套的零部件厂家就达到73家，2005年仅作为北京现代的配套就业人数就达到了2.5万人。

北汽集团提出了"十二五"规划的战略目标：北京汽车"十二五"要向"自主创新，规模发展，建设实力北汽、规模北汽、世界北汽、和谐北汽"的战略推进。北京汽车制造业的发展必然带动汽车零部件、原材料、汽车修理、汽车检测、配件销售、汽车保险、汽车售后服务、汽车物流等一大批相关行业的发展。

汽车制造业是对北京市经济有全局性影响的、有利于经济扩张和吸纳就业、提高经济增长质量的支柱产业。作为传统制造业，汽车制造业具有很大潜力。

汽车产业的关联度广，与此相关的产业有冶金、橡胶、燃料、能源、机械、金融、保险、商业和社会服务、交通、旅游等。因此，汽车产业的发展可以在很大程度上带动北京经济的增长，扩大就业。2010年，北京汽车产销量分别达到152.45万辆和150.94万辆。全国汽车工业总产值1566.17亿元。现在每到周末、假期，那些私车族就会带动北京市郊区的旅游、饭店餐饮、住宿和娱乐业，搞活了农村一方的经济。另外，从1958年生产出第一辆井冈山牌轿车以后，北京市陆续建立了北汽、二汽等大型骨干企业，1984年又成立了中国第一家中外合资汽车制造企业——北京吉普汽车有限公司。北京市在汽车制造业方面有一定的技术基础，制造业企业里都储备了一些重要技术骨干力量，也积累了汽车制造方面的经验。汽车的市场前景广阔，中国未来的汽车市场也为全球汽车制造业巨头看好。据美国通用汽车公司董事长预言，21世纪，中国将是世界上汽车需求增长最快的地区，大约将占到全球增加量的20%。中国是未来汽车市场潜力最大的地区，而北京市又是全国最大的汽车消费市场，2013年北京汽车保有量已超过520万辆。与此同时，北京市有相当充足的汽车制造方面的后备力量，北京市的一些高校都设置了汽车工程及相关的学科，如汽车制造、内燃机及相关的机械、电子、燃料、冶金材料、精密仪器等专业课程，并且有比较全面的培养体系和雄厚的师资力量。

3.2　人才现状

汽车工业是国民经济的支柱产业，进入21世纪，我国汽车产业发展迅速，在2010年1~10月，汽车累计产销量分别为1462.38万辆和1467.7万辆，同比增长34.49%和34.76%，中国已成为仅次于美国、日本及德国的第四汽车生产大国，也是世界第一汽车消费大国。

随着国内正进入汽车产销的旺盛时期，对人才的需求也将达到新的高潮。但是，我国汽车制造业正面临着严重的人才缺口和人才结构不合理，人才问题已经严重制约着我国汽车工业的健康发展。目前我国汽车制造业人才资源的状况是：由教育部、劳动和社会保障部等六部委联合公布的《紧缺人才报告》指出，从现在到2015年和2020年，汽车工业分别需要3.1万名和5万名研发人员。汽车研发人员占技术人才的比重达到30%才为合理，而我国汽车工业不足8%，也就是说严重短缺掌握汽车制造业技术的高端人才以及高级技工、技师等高技能型人才，发达国家高级技工占工人总数的40%以上，而我国只有3.5%。同时，也缺乏知识结构能横跨汽车制造技术领域、电子技术领域、计算机技术领域的复合型技术人才。因为，汽车产业发展越来越快，要求的人才综合知识结构越来越高。

我国汽车制造业人才供求矛盾将会越来越突出，极缺高端人才，短缺复合型技术人才，高技能型熟练技工需求庞大。因此，培养、吸纳、储备汽车制造业的专业人才已迫在眉睫。职业教育分级制改革是产业需求和结构调整的需要，由中国制造到中国创造，企业对技能人才的需求呈现多层次、精细化。

3.3　职业仓

汽车产业的发展提供了广阔的就业市场空间，据北京市劳动人事部门统计，汽车制造业年均需要增加从业人员5000人，其中，需要中、高等职业人才大约1500人。北京经济技术开发区的高新企业也非常缺乏中、高级蓝领，最新数据显示，北京市至少缺口8万技能型人才。

调研汽车制造企业，发现密封涂胶工、打磨工、涂装前处理工、冲压操作工、汽车装调工、车桥喷漆工、注蜡工、工业机器人维护师、数控加工中心维护员、设备维修工、模具维修工、数控操作工（发动机）等人才缺乏，根据工作的核心能力不同，将这些典型的工作岗位分级后形成职业仓，见表3-1。在职业仓中，依据职业生涯的发展需求和专业核心能力，整理出汽车装调工为专业发展的主线，设备维修工为专业发展的辅线。

表3-1　岗位分级情况

职业级别	企业技能	岗位名称 国家职业资格	岗位编号
5+级	车间岗位 多能工（车间主任）	汽车装调工（高级技师）	GW0501
		工业机器人维护师	GW0502
		设备维修工（技师）	GW0503

（续）

职业级别	企业技能	岗位名称 国家职业资格	岗位编号
5级	工段岗位 多能工（工段长）	数控加工中心维护员	GW0504
		汽车装调工（技师）	GW0505
		设备维修工（高级）	GW0506
4级	班组岗位 多能工（班组长）	汽车装调工（高级）	GW0401
		设备维修工（中级）	GW0402
		数控操作工（发动机）	GW0403
		模具维修工	GW0404
		钣金修复工	GW0405
		汽车维修电工	GW0406
		自动线维护员	GW0407
3级	单岗位 能够指导他人工作	设备维修工（初级）	GW0301
		钣金维修工	GW0302
		车身钣金工	GW0303
		发动机装配工	GW0304
2级	独立完成 某岗位工作	定位焊操作工	GW0201
		涂装喷漆工	GW0202
		质量检查工	GW0203
		汽车装调工（中级）	GW0204
		注蜡工	GW0205
		车桥喷漆工	GW0206
1级	单岗位 在师傅指导下工作	冲压操作工	GW0101
		汽车装调工（初级）	GW0102
		涂装前处理工	GW0103
		打磨工	GW0104
		密封涂胶工	GW0105

3.4 分级标准

职业教育标准是社会（行业、企业）用人需求在教育过程中的客观反映，是国家职业资格标准、行业（企业）用人标准、学校教育标准等评价要素的有机融合，如图3-1所示。

国家职业资格标准包括国家职业资格一级（高级技师）、国家职业资格二级（技师）、国家职业资格三级（高级工）、国家职业资格四级（中级工）、国家职业资格五级（初级工）。

行业（企业）用人标准，职业教育分级的单一级别只能对应某个或几个核心工种（岗位），而具体到任意工种（岗位），从业者可以处在不同的程度状态，企业通常采用“技能矩阵法”来区分程度。

学校教育标准就是普通教育标准，普通教育标准是指我国传统教育中的初中教育、高中教育、大专教育、本科教育和研究生教育。

从典型工作中甄别出核心工作，按专业核心能力的强弱形成汽车制造技术专业的职业主线和辅线，其中主线以汽车装调工的发展为序，辅线以设备维修工的发展为序，以典型工作岗位为对象进行职业要求的分析，从而形成各级的标准，如图 3-2 所示。

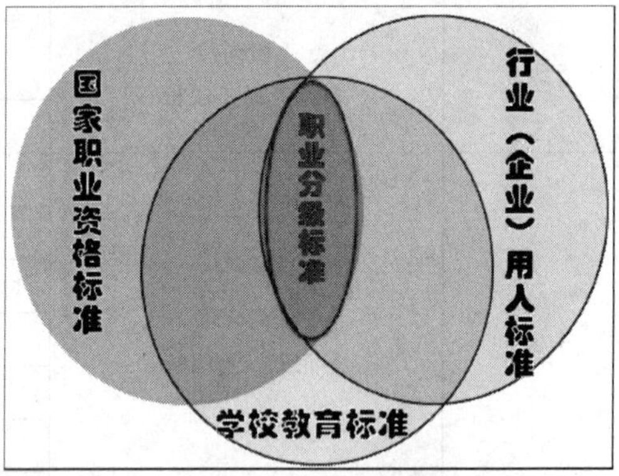

图 3-1　职业教育标准

1. 汽车制造技术 1 级

（1）国家职业资格　汽车装调工（初级）。

（2）企业标准（技能矩阵）　在师傅指导下工作。

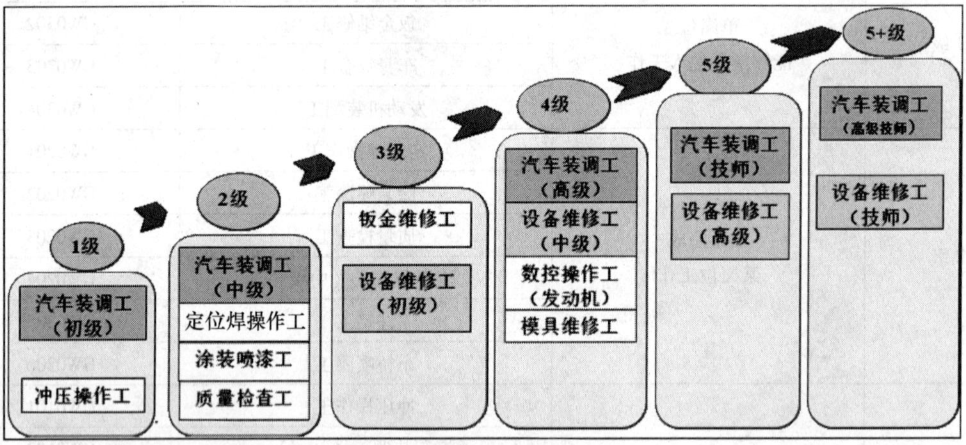

图 3-2　职业标准主线和辅线

（3）普教标准　高中。

（4）工作岗位及职业标准（生产规范与技术标准）

1）汽车装调工（初级）。

①能操作本岗位设备。

②能识读本岗位工序的工艺图。

③能认识工具、工装。

④能读懂质量记录卡。

⑤能对设备进行简单日常保养。

⑥能有序码放零件及工具、工装。

2）冲压操作工。

①能操作冲压设备。

②能使用工位器具和码放零件。

③能遵守冲压安全操作规程，正确使用安全装置。
④能保证生产现场的整洁。
⑤具有基本的沟通合作和表达能力。
⑥能遵守岗位安全责任制度。
（5）职业分级教育标准
1）社会能力。
①按劳保要求着装，能沿安全逃生路线逃生。
②能码放好使用过的工具，清扫设备卫生。
2）操作能力。
①能操作本岗位设备。
②能识读本岗位工序的工艺图。
③能认识工具、工装。
④能读懂质量记录卡。
⑤能对设备进行简单日常保养。
3）发展能力。能主动学习本岗位的基本理论知识和实践技能。

2. 汽车制造技术2级

（1）国家职业资格　汽车装调工（中级）。
（2）企业标准（技能矩阵）　独立完成本岗位工作。
（3）普教标准　高中。
（4）工作岗位及职业标准（生产规范与技术标准）
1）汽车装调工（中级）。
①能读懂本岗位工艺卡和作业指导书。
②能正确使用本岗位的工具、工装。
③能填写本岗位的质量记录卡。
④能对本岗位的设备进行日常维护保养。
⑤能对工作现场的可用物品进行清洁、整理。
⑥能够查阅本岗位的相关技术文档。
2）定位焊操作工。
①能读懂定位焊工序工艺卡和作业指导书。
②能做好定位焊设备的日常维护检修。
③能填写定位焊质量记录卡。
④能使用各种定位焊工具。
⑤熟知定位焊安全操作规程，保证人身、设备安全。
3）涂装喷漆工。
①了解相关涂料知识。
②能使用喷涂工具进行操作并进行维护保养。
③掌握喷涂方法。
④能对涂膜外观质量进行检测。
⑤能及时解决喷涂过程中出现的问题。

⑥熟知涂装安全操作规程。

4）质量检查工。

①熟悉本工段产品的质量要求。

②熟知本工段产品的各类质量缺陷。

③熟练掌握量具、检具的使用。

④能正确填写各类质量记录卡。

⑤能对每批次生产的首件、末件进行判定。

⑥能对生产中出现的质量问题及时做出判断。

（5）职业分级教育标准

1）社会能力。

①遇到危险情况时沉着应对，能合理使用安全器材。

②能对工作现场的可用物品进行清洁、整理。

2）操作能力。

①能读懂本岗位工艺卡和作业指导书。

②能正确使用本岗位的工具、工装。

③能填写本岗位的质量记录卡。

④能对本岗位的设备、工具进行日常维护保养。

⑤能对工作现场的可用物品进行清洁、整理。

2）发展能力。能够查阅本岗位的相关技术文档。

3. 汽车制造技术3级

（1）国家职业资格　设备维修工（初级）。

（2）企业标准（技能矩阵）　能够指导他人工作。

（3）普教标准　大专。

（4）工作岗位及职业标准（生产规范与技术标准）

1）钣金维修工。

①能合理运用钣金修复专用工具。

②能对车身生产过程中的部件进行无损检测。

③能按照工艺流程进行无伤害修复。

④能对缺陷进行修复查验与跟踪。

⑤能填写钣金维修记录卡。

⑥能熟知设备维修工安全操作规程，保证人身、设备、模具安全。

2）设备维修工（初级）。

①能认识本工段设备的基本结构和工作原理。

②能使用本工段设备的维修工具。

③能根据作业指导书处理简单设备故障。

④能填写设备维护记录卡。

⑤能做好设备的日常维护检修。

⑥熟知设备维修工安全操作规程，保证人身、设备、模具安全。

（5）职业分级教育标准

1）社会能力。

①能对设备进行紧急处理，积极配合班长处理突发事件。

②能按照5S管理的要求进行工作，并可以自检和互检。

2）操作能力。

①能认识本工段的设备及其工作原理。

②能使用本工段设备的维修工具。

③能根据作业指导书进行维修处理。

④能填写设备维护记录卡。

⑤能做好设备的日常维护检修。

⑥熟知设备维修工安全操作规程，保证人身、设备、模具安全。

3）发展能力。能严格执行本岗位的相关技术文档条例，并可以自检和互检。

4. 汽车制造技术4级

（1）国家职业资格　汽车装调工（高级），设备维修工（中级）。

（2）企业标准（技能矩阵）　多能工（班组长）。

（3）普教标准　大专。

（4）工作岗位及职业标准（生产规范与技术标准）

1）汽车装调工（高级）。

①能解读本班组汽车装调工艺卡和作业指导书。

②能合理协调班组内的岗位资源。

③能指导班组人员填写质量记录卡。

④能指导班组人员进行设备维护保养。

⑤能对班组人员进行汽车装调工艺培训。

⑥能拟订班组的5S管理的工作计划并组织实施。

2）设备维修工（中级）。

①能根据设备运行状态判断设备常见故障。

②能合理协调班组内岗位资源。

③能对设备的机械、液压、气动控制故障进行维修。

④能识读电气图样、识别电器元件。

⑤能设计简单电气回路。

⑥能正确使用电动、气动工具。

3）数控操作工（发动机）。

①能读懂数控加工工艺卡和作业指导书。

②能正确使用数控设备进行零件加工。

③能填写加工零件质量记录卡。

④能对数控设备进行日常维护保养。

4）模具维修工。

①能读懂模具维修作业指导书。

②熟悉模具结构及其日常保养。

③熟练使用各种模具维修工具。

④能根据零件缺陷判断模具故障。

（5）职业分级教育标准

1）社会能力。

①具有按照5S管理的要求进行工作，具有良好的社会责任感和环境保护意识。

②具有一般的决策能力和执行能力。

2）操作能力。

①能够识读零件图、装配图、电路图、工艺文件、工艺卡作业指导书，绘制中等难度的机械图和电气图。

②能够正确使用常见机械、电动、气动工量具，操作专业设备。

③具有简单的专业参数计算能力。

④能使用钳工工具、普通机床和数控机床加工较为复杂的机械零件。

⑤能使用电动、气动工具进行电子器件焊装和调试。

3）发展能力。

①具有一定的知识积累和信息获取的能力。

②具有汇报工作进展和阶段成果的能力。

5. 汽车制造技术5级

（1）国家职业资格　汽车装调工（技师），设备维修工（高级）。

（2）企业标准（技能矩阵）　多能工（工段长）。

（3）普教标准　本科。

（4）工作岗位及职业标准（生产规范与技术标准）

1）汽车装调工（技师）。

①能编制本工段的装调工艺卡和作业指导书。

②能编制本工段的汽车装调工艺流程。

③能对本工段的工具、工装的合理性提出改进意见。

④能指导高级及以下人员的实际操作。

⑤能进行本工段的工具、工装维护保养。

⑥能实施本工段安全应急预案，发现问题及时处理。

2）设备维修工（高级）。

①能解读设备的维修工艺卡。

②能对生产线的PLC控制故障进行维修。

③能做好设备的日常维护检修。

④能处理设备紧急情况，保证人员、设备安全。

⑤能对本工段的维修工具的合理性提出改进意见。

⑥能实施本工段安全应急预案，发现问题及时处理。

（5）职业分级教育标准

1）社会能力。

①能实施本工段的安全应急预案。

②能制定本工段的5S管理的方针和目标。

2）操作能力。

①能编制本工段的装调工艺卡和作业指导书。

②能编制汽车的装调工艺流程。

③能对本工段的工具、工装的合理性提出改进意见。

④能指导本工段人员的实际操作。

⑤能进行本工段的工具、工装维护保养。

3）发展能力。能收集本工段的新技术、新工艺、新设备、新材料信息，并进行工艺工序改进。

6. 汽车制造技术5+级

(1) 国家职业资格　汽车装调工（高级技师），设备维修工（技师）。

(2) 企业标准（技能矩阵）　多能工（车间主任）。

(3) 普教标准　研究生。

(4) 工作岗位及职业标准（生产规范与技术标准）

1）汽车装调工（高级技师）。

①能制定并优化汽车装调工艺卡和作业指导书。

②能对汽车装调的工具、工装的合理性进行改进。

③能对员工就汽车装调的工艺卡和作业指导书进行培训。

④能针对新技术、新工艺、新设备、新材料等内容进行技术培训。

⑤能编写汽车装调的安全操作规程。

⑥能制定并督促实施5S管理的方针和目标，能对全员进行教育。

2）设备维修工（技师）。

①能编制设备维修作业指导书。

②能针对故障率高的设备提出改进意见。

③能对生产线自动控制、机器人工作站进行维修调试。

④能针对新技术、新工艺、新设备、新材料等内容进行技术培训。

⑤能编写设备维修工安全操作规程。

⑥能制定并督促实施5S管理的方针和目标，能对全员进行教育。

(5) 职业分级教育标准

1）社会能力。

①能制定并优化安全应急方案，能对员工进行安全培训。

②能制定并督促实施5S管理的方针和目标，能对全员进行教育。

2）操作能力。

①能制定并优化作业工艺卡和作业指导书。

②能对工具、工装、设备的合理性进行改进。

③能针对新技术、新工艺、新设备、新材料等内容进行技术培训。

④能编写安全操作规程。

⑤能制定并督促实施5S管理的方针和目标，能对全员进行教育。

3）发展能力。能运用现代化手段获取新技术、新工艺、新设备、新材料信息，并优化相关工艺文件，解决关键生产难题，对员工进行再教育。

3.5 人才培养目标

从核心工作中提取职业核心能力和素质特征，从而形成培养目标。

1. 汽车制造技术 1 级

培养具有必要的职业素养和基本技能的初级劳动者，能从事汽车装调工（初级）和冲压操作工等非技术类岗位或简单技能型岗位工作。

2. 汽车制造技术 2 级

培养具有一定职业素养和技能水平的中级劳动者，能从事汽车装调工（中级）、定位焊操作工、涂装喷漆工和质量检查工等一般技能型岗位工作。

3. 汽车制造技术 3 级

培养具有较好职业素养和一定管理能力的技能型劳动者，能从事钣金维修工和设备维修工（初级）等一般复杂程度的技能型岗位和辅助管理岗位工作。

4. 汽车制造技术 4 级

培养具有良好职业素养的高技能型专门人才，可以从事汽车装调工（高级）、设备维修工（中级）、数控操作工（发动机）和模具维修工等比较复杂的技能型岗位及管理岗位工作。

5. 汽车制造技术 5 级

培养具有较高职业素质、文化素质和能力素质的技术应用型专门人才，可以从事汽车装调工（技师）和设备维修工（高级）等复杂的技术及重要管理岗位工作。

6. 汽车制造技术 5 + 级

培养具有职业精神、开拓意识、领导能力、创新能力，能够从事汽车装调工（高级技师）和设备维修工（技师）等解决重大生产任务、重大工程项目关键技术问题的相关工作，并从事高级管理岗位工作。

3.6 人才培养体系

人才培养体系主要包括人才培养路径、课程体系和课相三部分。

3.6.1 培养路径

北京市职业教育分级制改革的核心行动就是要搭建人才立交桥，实现教育面向人人、面向终身。每个级别的入学条件主要分为低级别直升、企业有工作经历的人员回流、普教转入三种情况，分析不同入学条件的生源，设置不同的学制和课程体系，但具有相同的毕业标准，并且获得同样的毕业证书和资格证书，能胜任同样的就业岗位。汽车制造技术专业设置的 1 级 ~5 + 级教育有 18 种入学条件，如图 3-3 所示。

3.6.2 课程体系

课程体系主要以课相为核心，设置了职业基础模块、职业能力模块和职业拓展模块。

职业基础模块分为课内模块和课外模块，主要完成高职生语文、数学、外语、计算机、

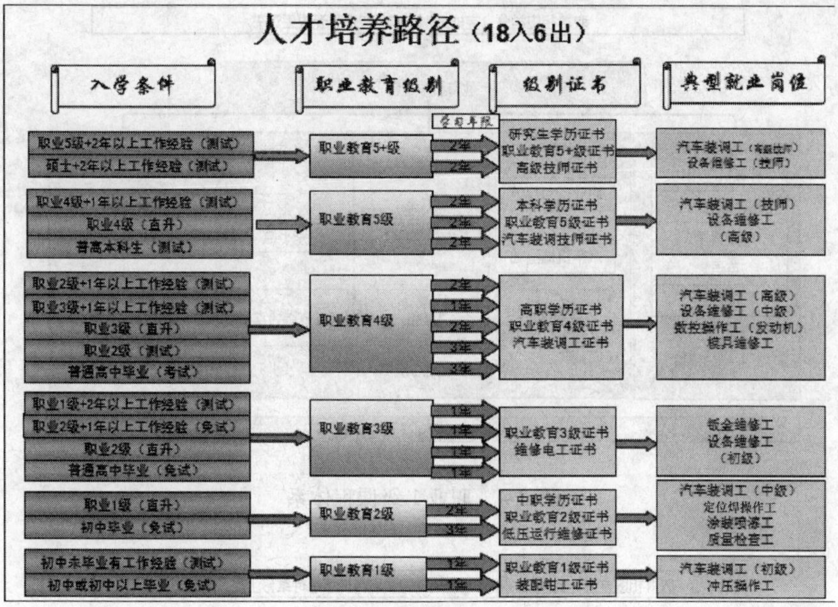

图 3-3　18 种入学条件

体育、思想道德修养等课程的学习，取得高职生应该通过的英语和计算机考试的证书。

职业能力模块分为课相、职业资格取证、综合实践和职业发展能力。课相涵盖了主要的专业核心技能和相关理论知识；职业资格取证强化了专业核心能力；综合实践完成学生前往企业的顶岗实习和毕业实践项目，零距离地接触企业实际工作；职业发展能力主要考虑到学生将来的职业生涯发展和提高而设置了相应的理论较深入的课程。

职业拓展模块主要是相近专业的课程和全校性的公选课，主要便于学生对专业群的认识和素质的全面构建。

以低级别生源为对象，构建汽车制造技术 1 级 ~5 + 级课程体系。

1. 汽车制造技术 1 级（简称职业 1 级）

汽车制造技术 1 级课程体系以 F1 车模制作课相为核心，设置了装配钳工职业资格证书的取证等综合实践课程，设置了汽车机械基础、汽车构造和职业行为规范课程构成职业发展能力模块，提供了汽车英语 1 和汽车文化作为职业拓展课程，课程体系如图 3-4 所示。学生完成学业后将撰写级别报告，通过答辩方可毕业。

2. 汽车制造技术 2 级（简称职业 2 级）

汽车制造技术 2 级课程体系以奔驰车模制作与装配课相为核心，设置了低压设备运行维修上岗职业资格证书的取证和顶岗实习等综合实践课程，设置了发动机装配与调试、电工电子和企业生产可视化管理构成职业发展能力模块，提供了汽车英语 2 和汽车保养作为职业拓展课程，课程体系如图 3-5 所示。学生完成学业后将撰写级别报告，通过答辩方可毕业。

3. 汽车制造技术 3 级（简称职业 3 级）

汽车制造技术 3 级课程体系以自动送料站搭建与调试课相为核心，设置了维修电工职业资格证书的取证等综合实践课程，设置了标准化生产与质量控制、汽车电器和数控 CAD 构成职业发展能力模块，提供了汽车英语 3 和汽车故障诊断作为职业拓展课程，课程体系如图 3-6 所示。学生完成学业后将撰写级别报告，通过答辩方可毕业。

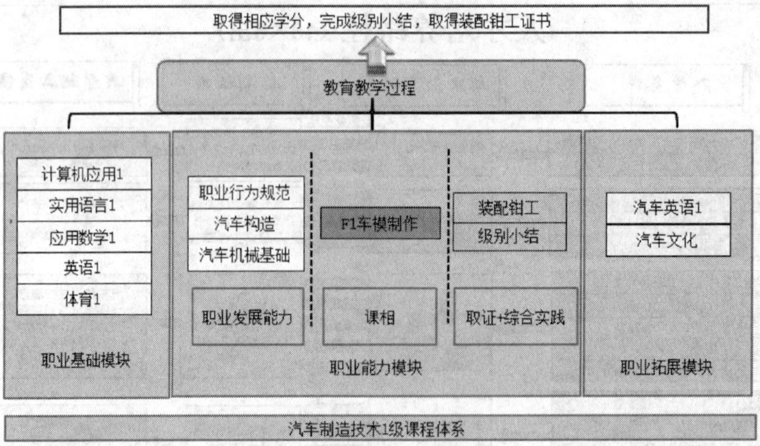

图 3-4　职业 1 级课程体系

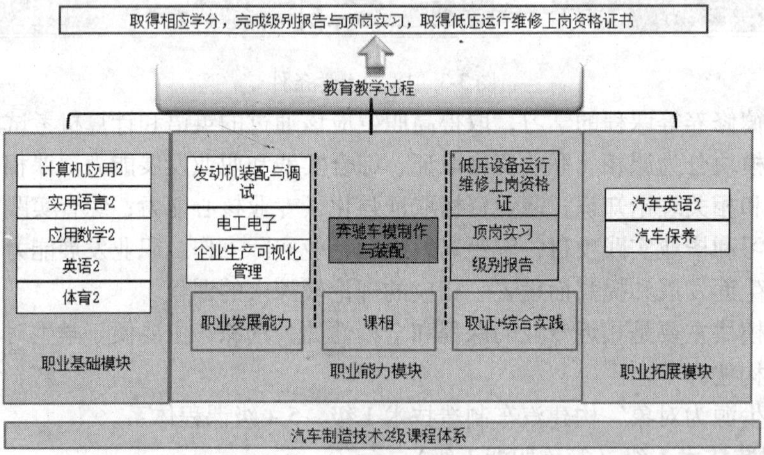

图 3-5　职业 2 级课程体系

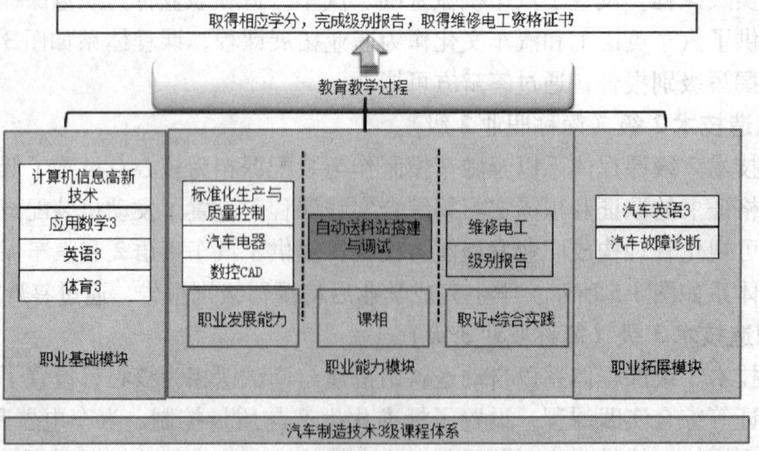

图 3-6　职业 3 级课程体系

4. 汽车制造技术 4 级（简称职业 4 级）

汽车制造技术 4 级课程体系以电动小车制作与装配课相为核心，设置了汽车装调职业资格证书的取证和顶岗实习等综合实践课程，设置了拉动生产系统、汽车机构分析、工业机器人应用技术构成职业发展能力模块，提供了汽车英语 4 和汽车营销作为职业拓展课程，课程体系如图 3-7 所示。学生完成学业后将撰写级别报告，通过答辩方可毕业。

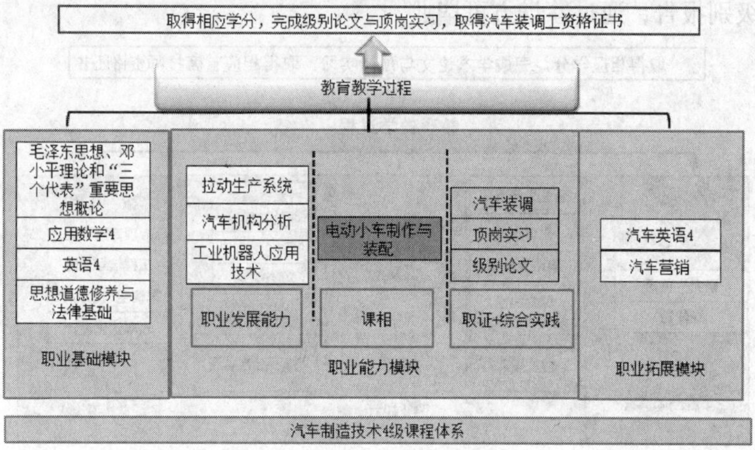

图 3-7　职业 4 级课程体系

5. 汽车制造技术 5 级（简称职业 5 级）

汽车制造技术 5 级课程体系以柔性生产线搭建与调试课相为核心，设置了汽车装调工技师取证和顶岗实习等综合实践课程，设置了企业生产系统持续改善、车辆性能检测、控制工程基础、汽车工程材料和车身设计课程构成职业发展能力模块，提供了汽车英语 5 和汽车排放控制作为职业拓展课程，课程体系如图 3-8 所示。学生完成学业后将撰写级别报告，通过答辩方可毕业。

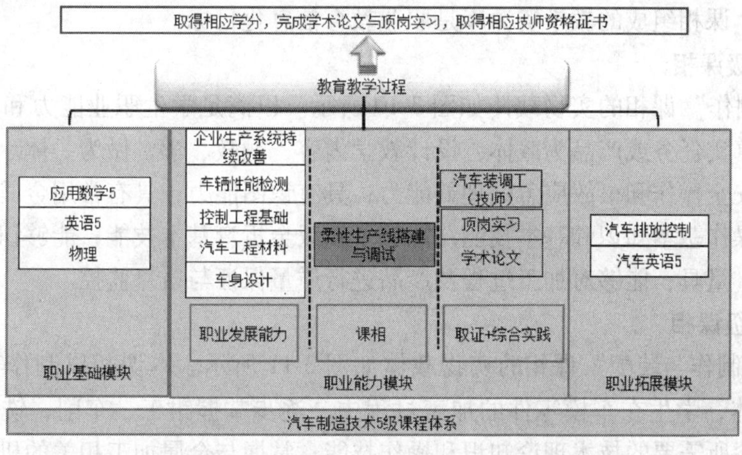

图 3-8　职业 5 级课程体系

6. 汽车制造技术 5 + 级（简称职业 5 + 级）

汽车制造技术 5 + 级课程体系以基于视觉识别的机器人工作站搭建与调试课相为核心，设置了汽车装调工高级技师取证和顶岗实习等综合实践课程，设置了企业生产管理、机械振动、有限元分析和弹性力学课程构成职业发展能力模块，提供了汽车优化设计、车辆空气动力学、工程信号处理和专项课题研究作为职业拓展课程，课程体系如图 3-9 所示。学生完成学业后将撰写级别报告，通过答辩方可毕业。

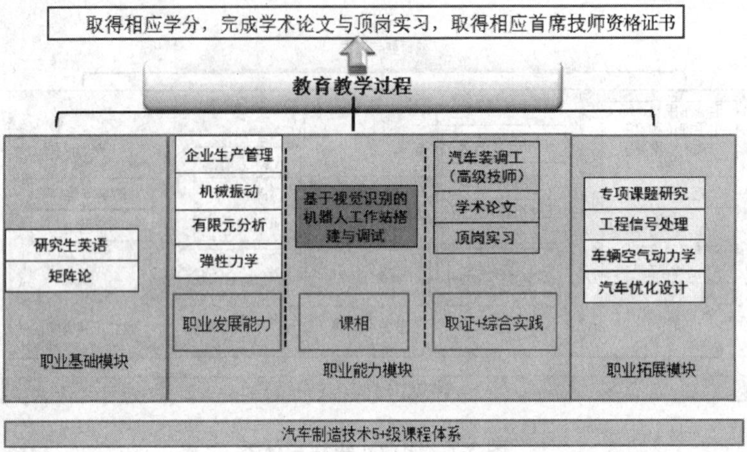

图 3-9　职业 5 + 级课程体系

3.6.3　课相

课相（Training Object Phase In Class，TOPIC）是按照特定生产项目（职业任务）设计的以学习者为中心的教、学、训、做、评全过程。课相因为在学校里完成，大于德国的学习领域，相当于学习领域加企业培训模块，它解决了职业教育标准化问题，实现同企业需求及标准零距离对接。课相是职业教育的基本单元，也是实际教学的组织方案；课相以纸质平面媒介和数字多媒体媒介表达形式存在；课相根据职业要求变化、技术与装备发展、生产管理模式进步同步实时更新；课相是质量、标准，是分级制的基础；课相是职业院校办学能力和竞争力的体现；课相组成的教学资源库是职业教育信息化目标。

1. 职业 1 级课相

“F1 车模制作”课相的实物载体如图 3-10 所示。以满足学生职业能力和素质要求为出发点，课程以真实任务或产品为载体，设计教学内容，融教、学、做为一体。通过课程的学习，学生具备安全操作和事故应急处理的能力；具有识图能力；具有常用金属材料的基本知识；具有钳工操作基本知识和基本技能；能够了解钣金折弯基本技能；能够识别、选择加工用刀具、夹具、量具；能够对加工过程及产品进行质量保证与质量监控。

2. 职业 2 级课相

“奔驰车模制作与装配”课相的实物载体如图 3-11 所示。本课相以制作奔驰“乌尼莫克”车模为载体，学生在车模零件的加工过程中，逐步掌握钳工、车削、铣削、冲压、焊接、装配、喷漆所需要的技术理论知识和操作技能，掌握与金属加工相关的机械制图、金属材料、公差配合与技术测量等学科的基本理论知识。通过本课相的学习，学生能够识读和绘

图 3-10　职业 1 级课相的实物载体

制中等难度的零件图，并能安全、正确使用钳工的设备、工具和量具，能够用钳工操作加工中等难度的机械零件，并对加工的零件进行质量控制和质量评价，以及对钳工设备进行日常维护和保养。另外，熟悉金属加工过程中切削原理以及相关的工艺、工装知识，熟悉金属加工中应用的机床、刀具、夹具等设备及工具的选择和使用，熟悉冲压原理和工艺、焊接原理和工艺、装配工艺和喷漆工艺。同时，培养学生的交流能力、合作能力、解决问题能力、责任感、学习能力等软技能，在工学结合中培养学生金属加工的动手实操技能，同时培养学生综合运用知识解决问题的能力和交流协作能力，严谨、规范的工作习惯，安全生产、成本控制、协调合作的意识，使学生具备汽车总装、汽车装焊、汽车总装维修等的职业素质和职业能力。

图 3-11　职业 2 级课相的实物载体

3. 职业 3 级课相

“自动送料站搭建与调试”课相的实物载体如图 3-12 所示。将汽车生产线上涉及的液压、气压、可编程序控制器技术、传感器、机械控制等内容融为一体，最终解决汽车装配线的控制技术。通过学习，学生将获得生产线上液压、气压、PLC、传感器等综合知识，并能熟练地运用这些知识，能排除生产线上简单故障。

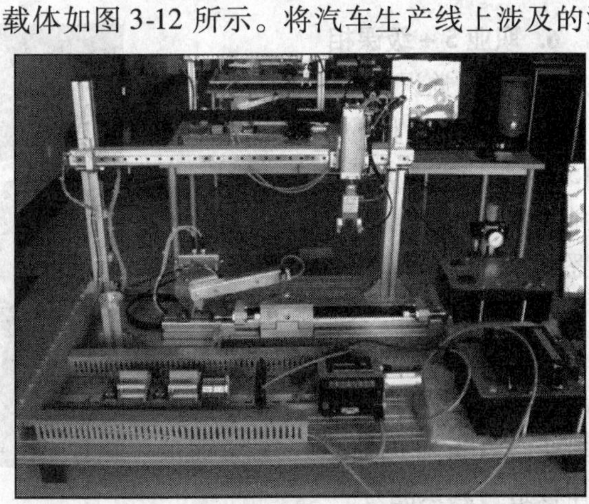

图 3-12　职业 3 级课相的实物载体

4. 职业 4 级课相

“电动小车制作与装配”课相的实物载体如图 3-13 所示。本课相以电动小车的制作与装配为实际工作任务。学生在小车车身冲压、焊接和喷漆工作中学习汽车制造的冲压工艺知识、喷漆原理，操作焊接设备和使用机器人等先进设备；在底盘零件加工与装配中提高读图能力，学习数控编程，操作并维护数控加工中心等机床，提高装配技能；在小车动力系统制作中学习单片机、电工电子、电气等方面的知识，并能焊接电气线路，掌握相关的操作技能。经过课相的教、学、做、训、评一体化过程，每组不仅能制造和装配出一辆可遥控运动的电动小车，还能胜任汽车装调工（高级）、设备维修工（中级）、数控操作工和模具维修工等工作；学习过程中融入了软技能的训练，帮助学生熟悉班组管理的模式、树立质量生存观念、形成质量监控意识、融入团队建设、提高分析问题和解决问题能力，为学生职业生涯的发展和走向管理岗位奠定了良好的基础。

5. 职业5级课相

“柔性生产线搭建与调试”课相的实物载体如图3-14所示。该系统是一套完全工业级的自动化生产制造系统，包括PLC、传感器、变频电机、气动、机械手、机械运输结构等主要元件。整个生产线分为物料输入（Product input）、物料加工（Processing）、质量检测（Quality assurance）、物料装配（Assembly）、物料仓储（Stock）和物料输出（Product output）六个站，能灵活实现四种工作方式。能实现总线控制、仓库技术、视频技术等现代控制方式，并能实现WinCC控制。

图3-13　职业4级课相的实物载体

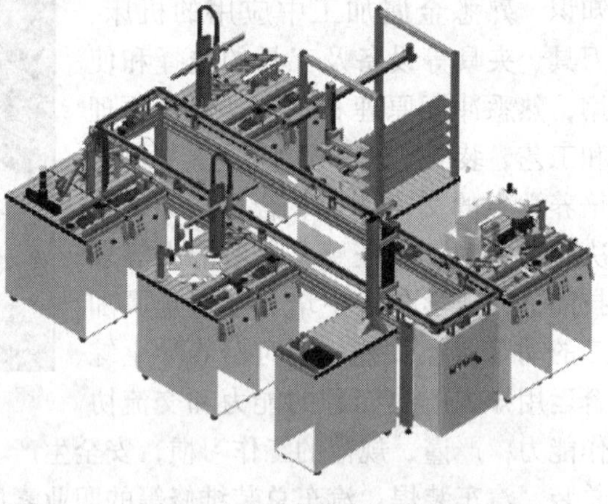

图3-14　职业5级课相的实物载体

6. 职业5+级课相

“基于视觉识别的机器人工作站搭建与调试”课相的实物载体如图3-15所示。通过本课相的学习，学生能正确进行机器人示教编程操作，熟悉机器人与工作站中外围设备和中央控制器之间的关系，能对机器人工作站中出现的常见故障进行诊断及排除，能对机器人系统进行日常维护，具备对机器人系统功能的简单改造与调试能力。

图3-15　职业5+级课相的实物载体

第 4 章　4 级人才培养方案

人才培养方案是指在一定的现代教育理论、教育思想指导下，按照特定的培养目标和人才规格，以相对稳定的教学内容和课程体系、管理制度和评估方式，实施人才教育的过程总和。在对就业岗位、培养目标、培养规格和学生情况分析的基础上，开发课程、构建课程体系、制定科学的评价方案，实现人才目标的培养。

4.1　就业岗位

职业 4 级的主要就业岗位有汽车装调工（高级）、设备维修工（中级）、数控操作工（发动机）、模具维修工、钣金修复工、汽车维修电工和自动线维护员。未来的发展岗位主要是多能工和班组长。调研就业岗位，其典型工作任务分解成职业能力要求和职业素质要求。每项职业能力要求有唯一的代码。

1. 汽车装调工（高级）

（1）典型工作任务　能进行汽车中机械部件、电器部件的装配与调整。

（2）职业能力要求

1）能解读本班组汽车装调工艺卡和作业指导书（01A）。

2）能合理协调班组内的岗位资源（01B）。

3）能指导班组人员填写质量记录卡（01C）。

4）能指导班组人员进行设备维护保养（01D）。

5）能对班组人员进行汽车装调工艺培训（01E）。

6）能拟定班组 5S 管理工作计划并组织实施（01F）。

7）能进行车辆装配调试（01G）。

8）能识别、分析及维护常用汽车机构（01H）。

9）了解企业生产标准化的方法、过程及管理模式（01I）。

2. 设备维修工（中级）

（1）典型工作任务　解决生产设备的机械、液压、气压及常见电气故障，对设备进行日常保养工作。

（2）职业能力要求

1）能根据设备运行状态判断设备常见故障（02A）。

2）能合理协调班组内的岗位资源（01B）。

3）能对设备的机械、液压、气动控制故障进行维修（02B）。

4）能识读电气图样、识别电器元件（02C）。

5）能设计简单电气回路（02D）。

6）能正确使用电气工具（02E）。

7）具有计算简单电路及机械机构参数的能力（02F）。

8）具有搭建、调试和设计电气、气动、液压系统的能力（02G）。

9）能操作、保养、编程和维护机器人（02H）。

3. 数控操作工（发动机）

（1）典型工作任务　能利用数控机床进行汽车零件加工，对数控机床进行日常保养工作。

（2）职业能力要求

1）能读懂数控工序工艺卡和作业指导书（03A）。

2）能正确使用数控设备进行零件加工（03B）。

3）能填写加工零件质量记录卡（03C）。

4）能对数控设备进行日常维护保养（03D）。

5）能完成数控加工零件质量检测（03E）。

6）能进行 CAD/CAM 的设计和加工（03F）。

4. 模具维修工

（1）典型工作任务　能初步判断模具常见故障，利用钳工技能对模具常见故障进行维修。

（2）职业能力要求

1）能读懂模具维修作业指导书（04A）。

2）熟悉模具结构及其日常保养（04B）。

3）熟练使用各种模具维修工具（04C）。

4）根据零件缺陷判断模具故障，进行常见故障排除（04D）。

5）熟知模具维修工安全操作规程，保证人身、设备、模具安全（04E）。

6）能填写模具维修记录卡（04F）。

5. 钣金维修工

（1）典型工作任务　能正确使用工具维修常见钣金故障。

（2）职业能力要求

1）能合理运用钣金修复专用工具（05A）。

2）能对车身生产过程中的部件进行无损检测（05B）。

3）能按照工艺流程进行无伤害修复（05C）。

4）能对缺陷进行修复查验与跟踪（05D）。

5）能填写钣金维修记录卡（05E）。

6）能熟知设备维修工安全操作规程，保证人身、设备、模具安全（05F）。

6. 职业素质要求

具有一定的社会能力和可持续性发展的潜力。具体如下：

1）具有良好的职业道德和科学的创新精神（ZSA）。

2）具备团队协作与沟通能力（ZSB）。

3）按照 5S 管理的要求进行工作，具有良好的社会责任感和环境保护意识（ZSC）。

4）具备安全、规范的操作和管理能力（ZSD）。

5）具有利用网络、文献等获取信息的能力，具有较好的表达能力（ZSE）。

6）具有在工作中善于发现问题和解决问题的能力（ZSF）。

7）具有汇报工作进展和阶段成果的能力（ZSG）。

4.2 培养目标

综合分析职业4级中汽车装调工（高级）、设备维修工（中级）、数控操作工（发动机）、模具维修工等岗位的职业能力要求，提炼出该级别应具备的核心能力如下：

1）能解读本班组汽车装调工艺卡和作业指导书。

2）能拟定班组5S管理工作计划并组织实施。

3）能根据设备运行状态判断设备常见故障。

4）能对设备进行紧急处理，积极配合处理突发事件。

5）能正确使用数控设备进行零件加工。

6）能熟练使用各种模具维修工具。

7）能根据零件缺陷判断模具故障。

8）具备良好职业素养，可以从事比较复杂的技能型岗位及管理岗位工作。

将核心能力分解成社会能力、操作能力、发展能力三个方面的培养目标，具体如下：

（1）社会能力

1）具有按照5S管理的要求进行工作，具有良好的社会责任感和环境保护意识。

2）具有一般的决策能力和执行能力。

3）具有良好的职业道德和科学的创新精神。

4）具备安全、规范的操作和管理能力。

5）具有利用网络、文献等获取信息的能力，并具有较好的表达能力。

6）具有在工作中善于发现问题和解决问题的能力。

7）具备团队协作与沟通能力。

（2）操作能力

1）能够识读零件图、装配图、电路图、工艺文件、工艺卡作业指导书，以及绘制中等难度的机械图和电气图。

2）能够正确地使用常见机械、电动、气动工量具，并能操作专业设备。

3）具有简单的专业参数计算能力。

4）能够使用钳工工具、普通机床和数控机床加工较为复杂的机械零件。

5）能使用电气工具进行电子器件焊装和调试。

6）能够对工具、量具和常用设备进行日常的维护和保养。

7）能够编制简单的金属加工工艺。

8）能够对加工的零件进行适时质量控制和质量评价。

9）具有搭建和调试电气、气动、液压系统的能力。

10）具有一定的设计液压、气动和PLC控制系统及仿真调试的能力。

11）能使用汇编语言进行电气控制系统的编程与调试。

12）能够及时发现和解决生产过程中出现的问题。

13）能进行电动小车的整车调试。

14）熟悉汽车零部件及机械原理。

15）能对机器人进行操作、维护、保养和简单编程。

16）熟悉汽车制造厂的管理模式和工作机制及特点。

（3）发展能力

1）具有一定的知识积累和信息获取的能力。

2）具有汇报工作进展和阶段成果的能力。

3）具有一定的自学能力。

4）具有在工作中发现问题和解决问题的能力。

5）具有一定的分析判断能力。

6）具有对高新技术的洞察能力。

4.3 课程体系

职业 4 级有五种生源：普通高中毕业经过高考的，学制三年；达到职业 2 级后经过测试的，学制 3 年；达到职业 3 级后直升的，学制 2 年；达到职业 3 级且 1 年以上工作经验的，经过测试，学制 1 年；达到职业 2 级且 1 年以上工作经验的，经过测试，学制 2 年。

以高中毕业生经过高考入学的生源为教学对象，构建的课程体系如图 4-1 所示。职业 4 级的岗位能力要求主要体现在从事比较复杂的汽车装调和中等难度的设备维修方面的工作，因此该级别课程体系以电动小车制作与装配为专业核心课相、以自动送料站搭建与调试和奔驰车模制作与装配为支撑课相，补充生源将来要从事工作任务所需的液压、气动、PLC、通信、钳工、普车、普铣等专业基础知识和基本技能；为了强化专业技能训练，设置了职业资格取证和综合实践专用周；为了增强学生的汽车素养，开设了熟悉汽车结构的汽车拆装与调试课程，为此增加了提供理论支撑的汽车机械传动原理课程；面对企业日益提高的自动化设备操作和维护需求，工业机器人应用与维护课程打开了学生将来的专业发展出路；职业 4 级的学员开始走上管理岗位，精益生产系统简介课程让他们了解企业管理模式、运行架构，为将来的专业型管理人才奠定基础；保留了职业基础模块（取得英语和计算机证书——获取

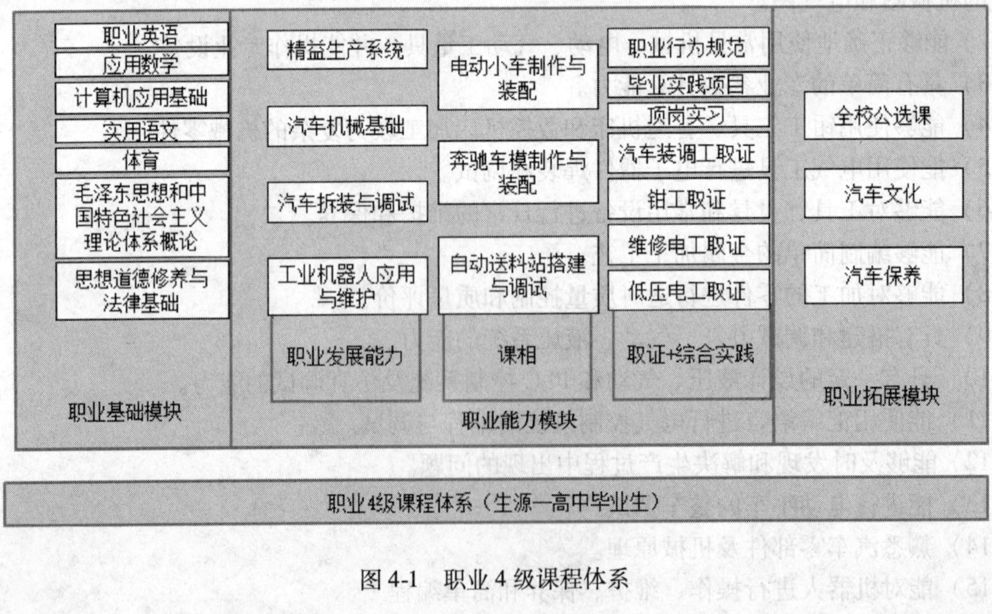

图 4-1 职业 4 级课程体系

高职毕业证的必要条件）；增设了熏陶学员汽车素质的汽车文化和汽车保养课程。综上所述，形成了“课相制作＋资格证书取证＋实践强化＋职业能力发展＋基础课教学＋拓展课＝汽车职业人”的职业4级课程体系架构。

职业4级取得的职业资格证书见表4-1。

表4-1　职业4级资格证书

序号	证书名称	证书等级	取证时间	证书颁发机关	取证要求
1	低压设备运行维修上岗资格证	资格证	第二学期	北京市安全生产监督管理局	必取
2	维修电工	中级	第三学期	人力资源和社会保障部	选取
3	钳工	中、高级	第三学期	人力资源和社会保障部	选取
4	汽车装调工	中、高级	第四学期	人力资源和社会保障部	必取

学生修满158学分（含顶岗实习和毕业实践项目学分），获得相关职业资格证书，同时应获得全国高职高专英语应用能力考试（B级）和全国计算机信息高新技术考试（操作员级）就准许毕业。教学进程及课时分配如图4-2所示。

4.4　课相

职业4级有三个主要课相：电动小车制作与装配、自动送料站搭建与调试和奔驰车模制作与装配。三个课相融合了传统的机械制图、金属材料、工差配合等专业基础课；同时融合了传感器技术、液压与气动、PLC及总线技术、汽车四大工艺、数控加工、单片机技术等专业课；也融合了车工实习、钳工实习、铣工实习、装配实习、机械装配、电气装配、设备调试、汽车装调等实训周，如图4-3所示。

课相融合传统教学内容后，会进行知识和技能的重组，形成了电动小车制作与装配专业核心课相，其支撑课相是自动送料站搭建与调试和奔驰车模制作与装配，课相间的关系如图4-4所示。

电动小车制作与装配是专业核心课相，训练学生的生产技能，学生通过课相的学习，掌握真实企业中汽车装调、汽车制造四大工艺等企业生产技能，具备质量意识、成本意识，可以生产企业真实产品，并对企业生产过程提出改进意见等。通过学习，学生将具备取得汽车装调工高级工职业资格证的基础。

电动小车制作与装配课相所需要的电气方面的知识和技能来自自动送料站搭建与调试课相，该课相是专业的综合技能训练课相。通过该课相，实现学生在机械装配、总线控制、设备调试等方面的综合技能训练，让学生掌握综合运用知识解决问题的能力。通过学习，学生将具备取得维修电工中级工职业资格证的基础。

电动小车制作与装配课相所需要的机械方面的知识和技能来自奔驰车模制作与装配课相，该课相是专业的基本技能训练课相。通过该课相，实现学生钳工、车削、铣削、机械制图等的基本技能训练，学习到本专业的基本技能，掌握制图、材料、公差等方面的知识。通过学习，学生将具备取得装配钳工中级工职业资格证的基础。

三个课相主要承担了本级工作岗位的主要职业能力和素质要求的教学任务。

专业：汽车制造技术（职业 4 级）　　年级：2011 级　　学制：三年 （高职）　　2011 年 8 月

类别	模块	子模块	序号	代码	名称	学分	总学时	4级 一	4级 二	4级 三	4级 四	4级 五	4级 六	能够获取的证书
								16	16+2	16+2	16+2	18	18	
职业基础模块	课内模块		1	9000010	思想道德修养与法律基础	2	32	2▲						全国高职高专英语应用能力考试(B级) 全国计算机信息高新技术考试(操作员级)
			2	9000020	毛泽东思想和中国特色社会主义理论体系概论	3	48		3▲					
			3	9000031–33	体育 1-3	6	96	2▲	2▲	2▲				
			4	9000121–123	职业英语 1-3	10	160	4▲	4▲	2▲				
			5	9000070	计算机应用基础	4	64	4						
			6	9000131–132	应用数学 1-2	5	80	3	2					
			7	9000140	实用语文	2	32		2					
	课内基本模块总学时					32	512	15	13	4				
	课外模块		1	9000100	形势与政策	1	（20）	√	√	√	√			
			2	9000111–112	军事理论 1-2	2	（36）	（1）	（1）					
			3	9000090	就业与创业	1	（20）	√	√	√	√			
			4	9000150	社会实践（基础）	1	（18）	（1）						
			5	9000160	社会实践（概论）	1	（18）		（1）					
	课外基本模块总学时					6	（112）	6						
职业能力模块	职业操作能力模块	课相	1	2910279	自动送料站搭建与调试 1★	6	96	6						低压设备运行维修上网资格证 维修电工\钳工资格证 汽车装调工资格证
			2	2910280	自动送料站搭建与调试 2★	7	128		8					
			3	2910281	自动送料站搭建与调试 3★	5	80			5				
			4	2910282	奔驰车模制作与装配 1	6	96	6						
			5	2910283	奔驰车模制作与装配 2	6	96		6					
			6	2910284	奔驰车模制作与装配 3	6	96			6				
			7	2910293	电动小车制作与装配 1★	6	96			6				
			8	2910294	电动小车制作与装配 2★	13	224				14			
		职业资格取证	1	2910291	低压设备运行维修上岗资格证	2	48		2 周					
			2	2910295	维修电工证\钳工证	2	48			2 周				
			3	2910296	汽车装调工证	2	48				2 周			
		综合实践	1	2910159	顶岗实习	28	672					18 周	10 周	
			2	2910297	毕业实践项目	8	192						8 周	
	职业发展能力模块		1	2910286	汽车拆装与调试	4	64			4				
			2	2910298	汽车机械传动原理	4	64				4			
			3	2910299	工业机器人应用与维护	4	64				4			
			4	2910300	精益生产系统	2	32				2			
	职业能力模块总学时					111	2144	12	14	21	24			
职业拓展模块	可选模块		1	2910160	汽车保养	2	32			2				
			2	2910075	汽车文化	2	32				2			
	全校性公选课，至少修满 5 个学分					1	16	1						
						1	16		1					
						1	16			1				
						1	16				1			
						1	16				1			
	职业拓展模块总学时					9	144	1	1	3	4			
教学课内学时总计						158	2800	28/周	28/周	28/周	28/周			

图 4-2　职业 4 级教学进程及课时分配

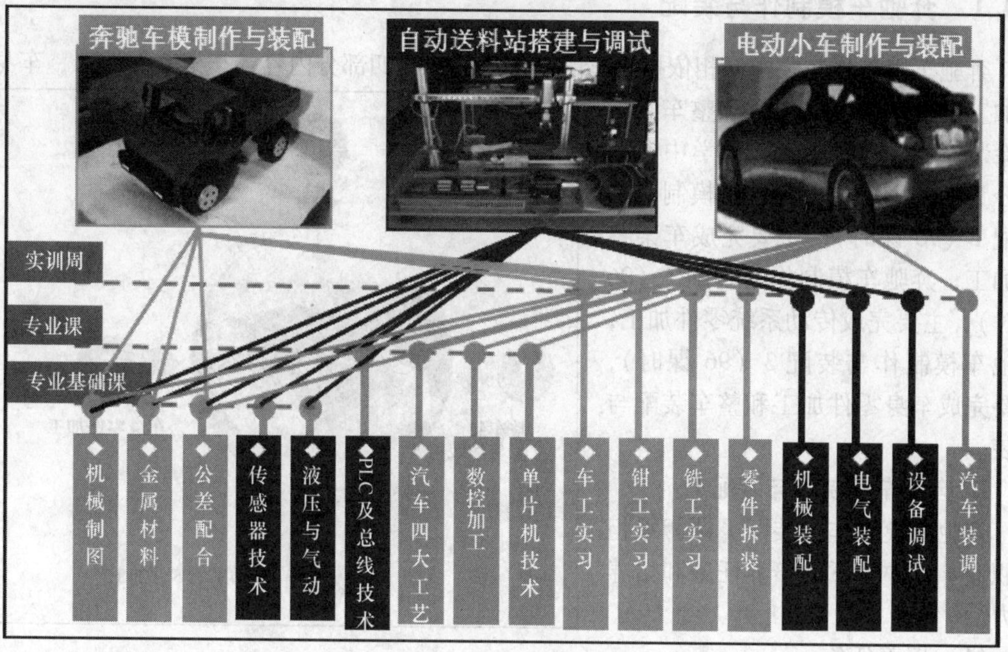

图 4-3　职业 4 级课相

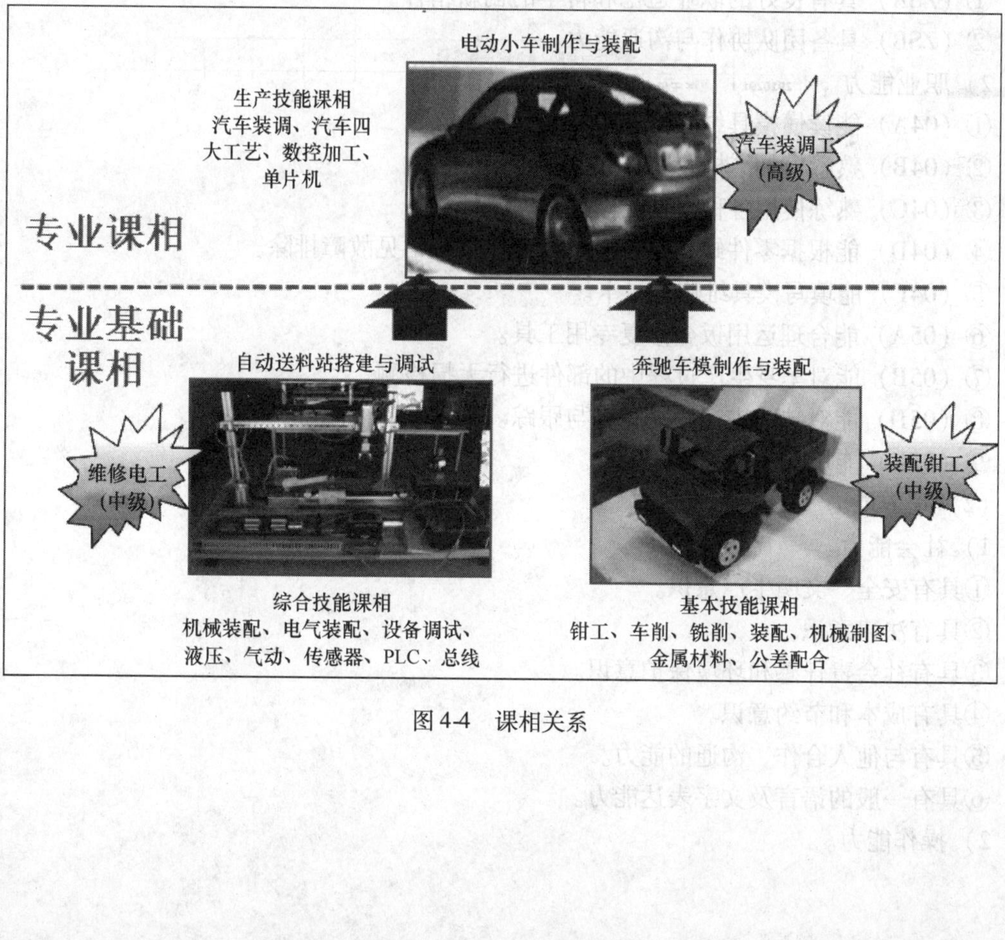

图 4-4　课相关系

4.4.1 奔驰车模制作与装配

奔驰车模制作与装配课相依据小车的制作流程分为四部分内容：车架零件加工、车身零件加工、传动系零件加工和整车装配与涂装，如图 4-5 所示。教学中该课相分为三个小课相：奔驰车模制作与装配 1（96 课时），主要完成车架零件加工；奔驰车模制作与装配 2（96 课时），主要完成传动系统零件加工；奔驰车模制作与装配 3（96 课时），主要完成车身零件加工和整车装配与涂装。

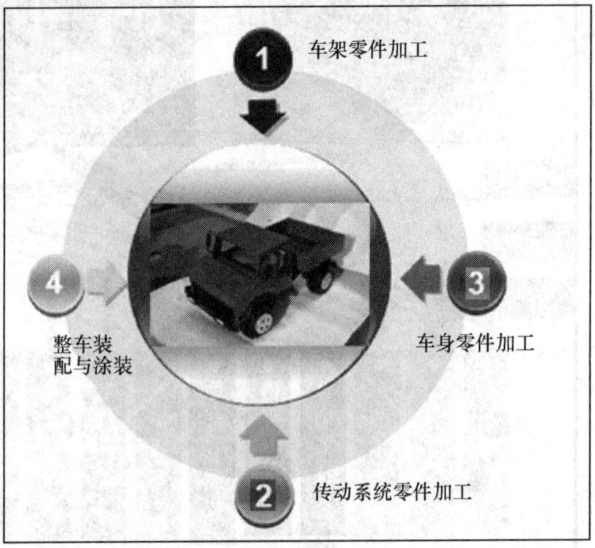

图 4-5 奔驰车模制作与装配课相

1. 奔驰车模制作与装配 1

奔驰车模制作与装配 1 课相承担了职业 4 级中以下的培养任务和培养能力。

（1）培养任务

1）职业素质。

①（ZSA）具有良好的职业道德和科学的创新精神。

②（ZSB）具备团队协作与沟通能力。

2）职业能力。

①（04A）能读懂模具维修作业指导书。

②（04B）熟悉模具结构及其日常保养。

③（04C）熟练使用各种模具维修工具。

④（04D）能根据零件缺陷判断模具故障，进行常见故障排除。

⑤（04F）能填写模具维修记录卡。

⑥（05A）能合理运用钣金修复专用工具。

⑦（05B）能对车身生产过程中的部件进行无损检测。

⑧（05D）能对缺陷进行修复查验与跟踪。

⑨（05E）能填写钣金维修记录卡。

（2）培养能力

1）社会能力。

①具有安全、文明生产意识。

②具有法律意识。

③具有社会责任感和环境保护意识。

④具有成本和节约意识。

⑤具有与他人合作、沟通的能力。

⑥具有一般的语言及文字表达能力。

2）操作能力。

①能识读和绘制中等难度的零件图。

②能安全、正确地使用钳工相关设备、工具和量具。

③能使用钳工工具加工较为复杂的机械零件。

④能对钳工设备及工具、量具进行日常的维护和保养。

⑤能对加工的零件进行适时质量控制和质量评价。

⑥能及时发现和解决钳工生产过程中出现的问题。

3）发展能力。

①具有接受新知识、新技术、新信息、新政策的能力。

②具有利用网络、文献等获取信息的能力。

③具有自我控制与管理的能力。

④具有制定工作计划的能力。

⑤具有评估工作结果（自我、他人）的能力。

2. 奔驰车模制作与装配2

（1）培养任务

1）职业素质。

①（ZSC）具有按照5S管理的要求进行工作，具有良好的社会责任感和环境保护意识。

②（ZSD）具备安全、规范的操作和管理能力。

2）职业能力。

①（04A）能读懂模具维修作业指导书。

②（04B）熟悉模具结构及其日常保养。

③（04C）熟练使用各种模具维修工具。

④（04D）能根据零件缺陷判断模具故障，进行常见故障排除。

⑤（04F）能填写模具维修记录卡。

⑥（05A）能合理运用钣金修复专用工具。

⑦（05B）能对车身生产过程中的部件进行无损检测。

⑧（05C）能按照工艺流程进行无伤害修复。

⑨（05D）能对缺陷进行修复查验与跟踪。

⑩（05E）能填写钣金维修记录卡。

（2）培养能力

1）社会能力。

①能遵守安全操作规程、文明生产。

②能遵守法律法规。

③具有良好的社会责任感和环境保护意识。

④能减少耗材，降低产品加工成本。

⑤具有与他人良好合作、沟通的能力。

⑥具有良好的语言及文字表达能力。

2）操作能力。

①能识读和绘制较复杂的零件图。

②能安全、正确地使用车削、铣削加工设备，以及工具和量具。
③能对金属切削机床及工具、量具进行日常维护和保养。
④能编制简单的金属加工工艺。
⑤能用机床加工中等难度的机械零件。
⑥能对加工的零件进行质量控制和质量评价。
⑦能及时发现和解决车削、铣削生产过程中出现的问题。
3）发展能力。
①具有自主学习新知识、新技术的能力。
②具有对收集的信息进行归纳、整理并有效地运用的能力。
③具有设计产品加工工艺和班组工作计划的能力。
④具有一般的决策能力和执行能力。
⑤具有领导、组织、协调和指导班组工作的能力。
⑥具有参与他人技术革新的能力。

3. 奔驰车模制作与装配 3

（1）培养任务
1）职业素质。
①（ZSE）具有利用网络、文献等获取信息的能力，具有较好的表达能力。
②（ZSF）具有在工作中善于发现问题和解决问题的能力。
③（ZSG）具有汇报工作进展和阶段成果的能力。
2）职业能力。
①（04A）能读懂模具维修作业指导书。
②（04B）熟悉模具结构及其日常保养。
③（04C）熟练使用各种模具维修工具。
④（04D）能根据零件缺陷判断模具故障，进行常见故障排除。
⑤（04F）能填写模具维修记录卡。
⑥（05A）能合理运用钣金修复专用工具。
⑦（05B）能对车身生产过程中的部件进行无损检测。
⑧（05D）能对缺陷进行修复查验与跟踪。
⑨（05E）能填写钣金维修记录卡。
（2）培养能力
1）社会能力。
①熟悉安全法规，具有劳动保护意识。
②能履行岗位职责，有较强的工作责任心。
③能有效地进行环境保护。
④能有效地降低产品成本。
⑤能主动与团队成员协作，共同完成工作任务。
⑥能利用现代化设备展示工作成果。
2）操作能力。
①能识读中等难度的装配图。

②能安全、正确地使用钳工、车削、铣削、冲压、焊接、装配、喷漆的设备、工具和量具。

③能对钳工、车削、铣削、冲压、焊接、装配、喷漆的相关设备、工具和量具进行日常维护和保养。

④能用相关设备生产合格产品。

⑤能对生产的产品、零部件的装配、零件的装焊等进行质量控制和质量评价。

⑥能及时发现和解决生产过程中出现的问题。

3）发展能力。

①具有获取新知识、新技术的能力。

②具有利用网络、文献等获取信息的能力。

③具有自我控制与管理的能力。

④具有制定工作计划的能力。

⑤具有评估工作结果（自我、他人）的能力。

4. 课相包

课相不仅是教学平台，还应该是面向社会的服务平台，两个平台的相关内容组成课相包，如图 4-6 所示。

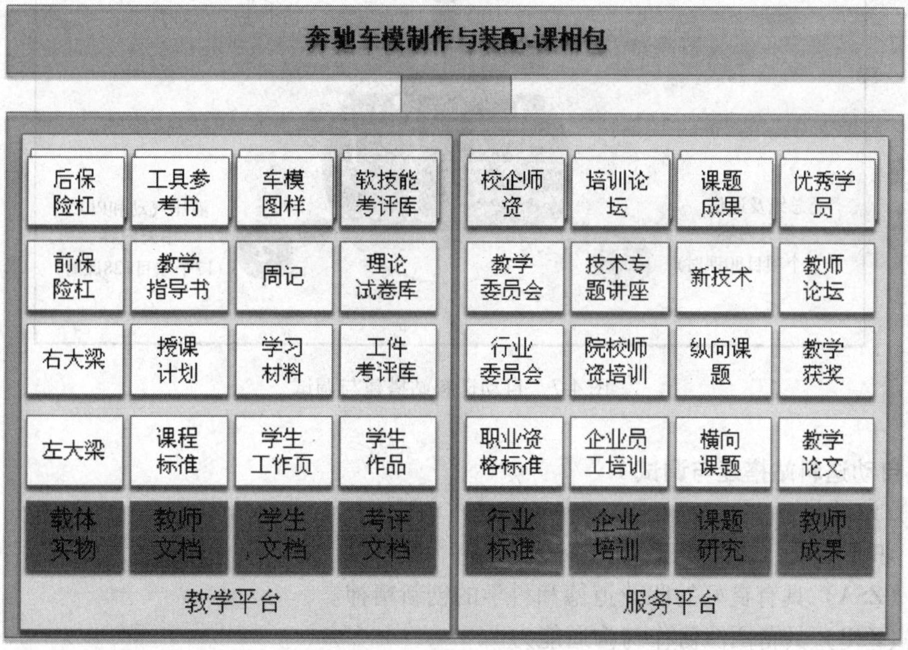

图 4-6　奔驰车模制作与装配课相包

教学平台中有载体实物、教师文档、学生文档和考评文档四部分。载体实物中有成品车还有相关的零件。教师文档中有课程标准、授课计划、教学指导书和工具参考书等。学生文档中有每位同学的学生工作页、学习材料、周记和车模图样等。考评文档中有学生作品、工件考评库、理论试卷库和软技能考评库等。

服务平台包括行业标准、企业培训、课题研究及教师成果等。其中行业标准中有职业资格标准、行业委员会、教学委员会和校企师资等相关资料。企业培训中有企业员工培训、院校师资培训、技术专题讲座和培训论坛等。课题研究中有课相相关的横向课题、纵向课题、新技术和课题成果等。教师成果中有教师教学论文、教学获奖、教师论坛和优秀学员的相关资料。

4.4.2 自动送料站搭建与调试

自动送料站搭建与调试课相，遵循简单到复杂的规律将学习内容分为三部分：自动送料站基础、自动送料站控制、自动送料站搭建与调试，如图 4-7 所示。教学中该课相分为三个小课相：自动送料站搭建与调试 1（96 课时），主要完成电工电子相关内容的学习；自动送料站搭建与调试 2（128 课时），主要完成液压气动和 PLC 相关内容的学习；自动送料站搭建与调试 3（80 课时），主要完成总线及通信相关内容的学习。

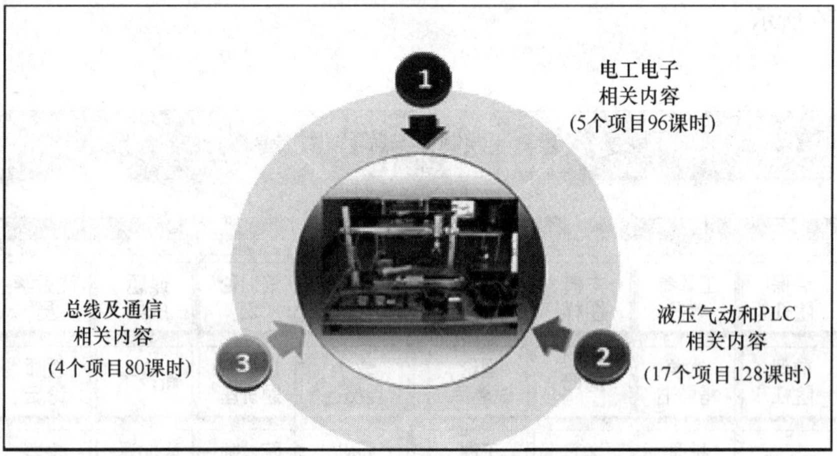

图 4-7 自动送料站搭建与调试

1. 自动送料站搭建与调试 1

(1) 培养任务

1）职业素质。

①（ZSA）具有良好的职业道德和科学的创新精神。

②（ZSB）具备团队协作与沟通能力。

2）职业能力。

①（02B）能对设备的机械、液压、气动控制故障进行维修。

②（02C）能识读电气图样、识别电器元件。

③（02E）能正确使用电动、气动工具。

④（02F）具有计算简单电路中参数的能力。

⑤（02G）具有搭建、调试和设计电气、气动、液压系统的能力。

（2）培养能力

1）社会能力。

①具有有效进行人际沟通的能力。

②具有形成团队协作、交流互助的能力。

③具有形成安全操作习惯进行紧急自救和急救他人的能力。

④具有良好的职业道德和诚实守信的素质。

2）操作能力。

①具有计算简单电路中参数的能力。

②具有分析电路构成的能力。

③具有进行继电器\接触器电器控制盘的制作能力。

④具有分析普通机床电路的能力。

⑤具有正确使用常用电气测量仪器、仪表的能力。

⑥具有焊装电子电路板和手工布线的能力。

⑦具有电子线路的调试能力。

⑧具有应用电工电子技术理论知识解决电路中的实际问题的能力。

3）发展能力。

①具有在工作中发现问题和解决问题的能力。

②具有阅读中英文资料的能力。

③具有敏锐的观察能力。

④具有一定的自学能力。

⑤具有一定的知识积累能力。

⑥具有一定的分析判断能力。

2. 自动送料站搭建与调试2

（1）培养任务

1）职业素质。

①（ZSC）具有按照5S管理的要求进行工作，具有良好的社会责任感和环境保护意识。

②（ZSD）具备安全、规范的操作和管理能力。

2）职业能力。

①（02A）能根据设备运行状态判断设备常见故障。

②（02B）能对设备的机械、液压、气动控制故障进行维修。

③（02E）能正确使用电动、气动工具。

④（02G）具有搭建、调试和设计电气、气动、液压系统的能力。

（2）培养能力

1）社会能力。

①具有应急处理设备和系统的突发事件的能力。

②具有按照5S管理的要求进行工作，并进行自检和互检的能力。

③具有评价事故等级和应急处理及安全逃生的能力。

④具有安全、规范的操作和管理的能力。

⑤具有团队沟通和协调工作的能力。

2）操作能力。

①具有根据原理图搭建和调试电气、气动、液压系统的能力。

②具有分析、绘制和修改电气系统图样的能力。

③具有一定的设计液压、气动和 PLC 控制系统及仿真调试的能力。

④具有使用 STEP 7 软件进行结构化编程的能力。

⑤具有合理使用电气检测仪表和电气工具的能力。

⑥具有对维修和检测工具进行维护和保养的能力。

⑦具有排查和修复电气、液压、气动及 PLC 控制系统故障的能力。

⑧具有操作和使用常用机电设备的能力。

3）发展能力。

①具有借助手册、工具书等看懂中英文资料的能力。

②具有对高新技术的洞察能力。

③具有参与实施技术和设备革新的能力。

④具有自我规划以学习新知识、提高技能的能力。

⑤具有汇报工作进展和阶段成果的能力。

3. 自动送料站搭建与调试 3

（1）培养任务

1）职业素质。

①（ZSE）具有利用网络、文献等获取信息的能力，以及较好的表达能力。

②（ZSF）具有在工作中善于发现问题和解决问题的能力。

③（ZSG）具有汇报工作进展和阶段成果的能力。

2）职业能力。

①（02B）能对设备的机械、液压、气动控制故障进行维修。

②（02G）具有搭建、调试和设计电气、气动、液压系统的能力。

③（02E）能正确使用电气工具。

（2）培养能力

1）社会能力。

①能合理协调班组内的岗位资源。

②能协调班组执行相关维修文件，处理相关日常问题。

③能进行生产现场巡视，发现问题及时与相关部门沟通。

④能够按照企业 5S 管理要求和安全生产规范进行操作。

2）操作能力。

①具有根据设备运行状态判断设备常见故障的能力。

②具有对设备的机械、液压、气动控制故障进行维修的能力。

③具有对设备进行紧急处理、积极配合处理突发事件的能力。

④具有正确使用工具和仪器仪表的能力。

⑤具有识别生产线自动控制中的气压元件、传感器和基本机械机构的能力。

⑥具有正确使用气压元件、传感器和基本机械机构的能力。

⑦具有读懂生产线自动控制中的气路原理图、电气图，能解决生产自动线中的常见故障的能力。

3）发展能力。

①具有协调班组执行相关维修文件，处理相关日常问题的能力。

②具有汽车行业职业迁移能力，适应职业生涯的变化与挑战的能力。

③具有科学严谨、操作规范的工作作风及成本控制意识的能力。

4. 课相包

自动送料站搭建与调试的课相包如图4-8所示，教学平台的载体实物中包括电工电子基础、外围环境送料站控制和送料站调试等内容。

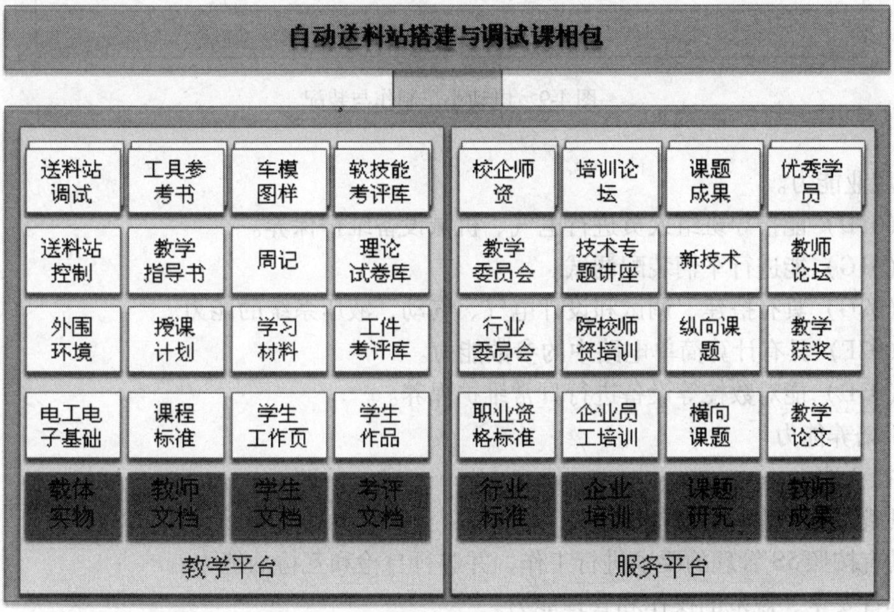

图4-8 自动送料站搭建与调试课相包

4.4.3 电动小车制作与装配

电动小车制作与装配课相依据制作流程将学习内容分为三部分：动力系统、底盘制作和车身制作，如图4-9所示。教学中该课相分为两个小课相：电动小车制作与装配1（96课时），主要完成小车电控单片机的相关内容学习；电动小车制作与装配2（224课时），主要完成小车底盘零件数控加工和小车车身汽车四大工艺的相关内容学习。

1. 电动小车制作与装配1

（1）培养任务

1）职业素质。

①（ZSA）具有良好的职业道德和科学的创新精神。

②（ZSB）具备团队协作与沟通能力。

③（ZSE）具有利用网络、文献等获取信息的能力，具有较好的表达能力。

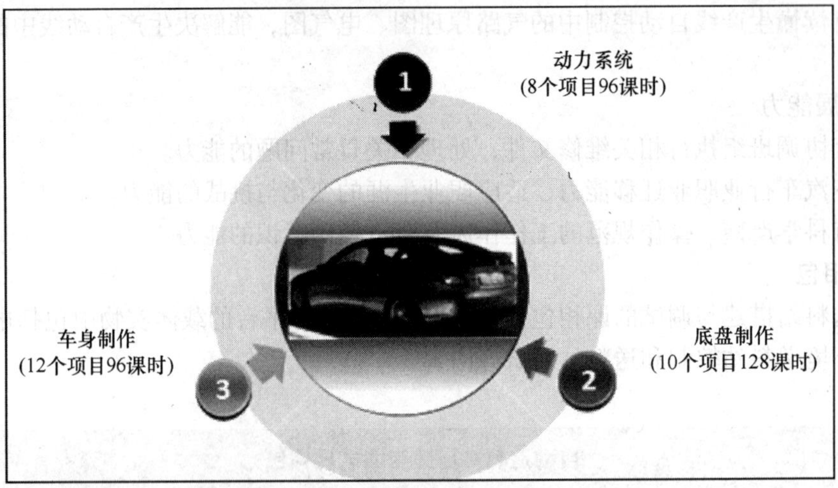

图 4-9　电动小车制作与装配

2）职业能力。

①（01D）能指导班组人员进行电气、机械设备维护保养。

②（01G）能进行车辆装配调试。

③（02G）具有搭建、调试和设计电气、气动、液压系统的能力。

④（02F）具有计算简单电路中的参数能力。

⑤（03D）能对数控等设备进行日常维护保养。

（2）培养能力

1）社会能力。

①具备团队协作与沟通能力。

②具有按照 5S 管理的要求进行工作，并进行自检和互检的能力。

③具备安全、规范的操作和管理能力。

④具备实事求是、及时汇报和质量评价的能力。

⑤具备电器安全操作和处理的能力。

2）操作能力。

①能正确使用电器制作和检测的工具、仪器。

②能进行高质量电子器件焊装和调试。

③能进行电动小车的整车调试。

④能合理运用软件进行单片机系统的虚拟仿真。

⑤能进行通信接口的功能扩展。

⑥能使用汇编语言进行编程与调试。

⑦能严格按照设备操作规程操作。

3）发展能力。

①具有借助手册、工具书等看懂中英文资料的能力。

②具有对专业新知识、新技术的探求能力。

③具有自我规划以学习新知识、提高技能的能力。

④具有汇报工作进展和阶段成果的能力。

2. 电动小车制作与装配 2

（1）培养任务

1）职业素质。

①（ZSC）具有按照 5S 管理的要求进行工作，具有良好的社会责任感和环境保护意识。

②（ZSD）具备安全、规范的操作和管理能力。

③（ZSF）具有在工作中善于发现问题和解决问题的能力。

④（ZSG）具有汇报工作进展和阶段成果的能力。

2）职业能力。

①（01A）能解读本班组汽车装调工艺卡和作业指导书。

②（01C）能指导班组人员填写质量记录卡。

③（01D）能指导班组人员进行设备维护保养。

④（01E）能对班组人员进行汽车装调工艺培训。

⑤（03A）能读懂数控工序工艺卡和作业指导书。

⑥（03B）能正确使用数控设备进行零件加工。

⑦（03C）能填写加工零件质量记录卡。

⑧（03D）能对数控等设备进行日常维护保养。

⑨（03E）能完成数控加工零件质量检测。

⑩（03F）能进行 CAD/CAM 的设计和加工。

（2）培养能力

1）社会能力。

①具备团队协作与沟通能力。

②具有按照 5S 管理的要求进行工作，并进行自检和互检的能力。

③具备安全、规范的操作和管理能力。

④具有利用网络、文献等获取信息的能力。

⑤具有在工作中善于发现问题和解决问题的能力。

⑥具有对加工过程及产品进行质量保证与质量监控的能力。

2）操作能力。

①具有读图、识图的能力。

②具有识读工艺文件、工艺卡作业指导书的能力。

③能正确选择加工用刀具、夹具、量具。

④具备正确选择和应用金属材料的能力。

⑤具有理论联系实际并灵活应用机械加工知识的能力。

⑥能进行简单零件的手工编程及计算机绘图。

⑦能正确装夹工件，并进行对刀。

⑧能正确操作数控机床进行零件加工。

⑨具备制定工艺方案和编制、校对工艺文件的能力。

⑩能够识读车身冲压、焊装、涂装、总装工艺文件。

3）发展能力。

①具有借助手册、工具书等看懂中英文资料的能力。

②具有对专业新知识、新技术的探求能力。

③具有自我规划以学习新知识、提高技能的能力。

④具有汇报工作进展和阶段成果的能力。

3. 课相包

电动小车制作与装配的课相包如图 4-10 所示。教学平台的载体实物中包括底盘制作、四大工艺、电路制作和整车装配调试等内容。

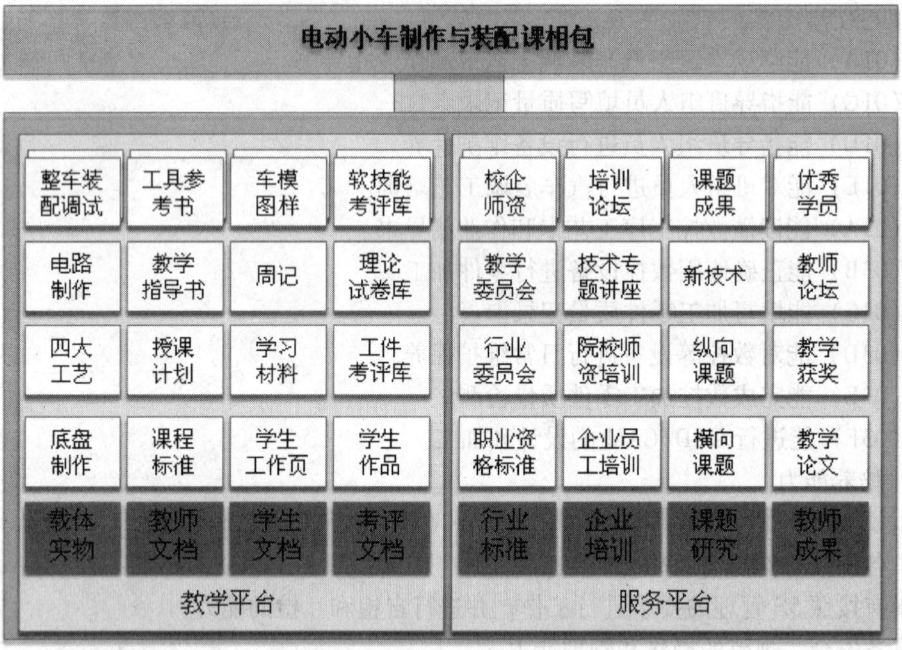

图 4-10　电动小车制作与装配课相包

4. 5　职业资格取证

4. 5. 1　低压设备运行维修上岗资格证

1. 培养任务

1）职业素质。

①（ZSA）具有良好的职业道德和科学的创新精神。

②（ZSB）具备团队协作与沟通能力。

③（ZSC）具有按照 5S 管理的要求进行工作，具有良好的社会责任感和环境保护意识。

④（ZSD）具备安全、规范的操作和管理能力。

2）职业能力。

①（02A）能根据设备运行状态判断设备常见故障。

②（02B）能对设备的机械、液压、气动控制故障进行维修。

③（02C）能识读电气图样、识别电器元件。
④（02D）能设计简单的电气回路。
⑤（02E）能正确使用电动、气动工具。

2. 培养能力

①掌握低压电工基本常识。
②会使用电工仪表。
③掌握异步电动机及其控制电路的原理。
④会使用常见的低压电器。
⑤会使用电动工具及移动式设备，并掌握其原理。
⑥掌握并联电容器的原理。
⑦掌握电气线路的原理。
⑧掌握照明装置的原理。
⑨会安全用电。

4.5.2　维修电工证

1. 培养任务

1）职业素质。
①（ZSA）具有良好的职业道德和科学的创新精神。
②（ZSC）具有按照 5S 管理的要求进行工作，具有良好的社会责任感和环境保护意识。
③（ZSD）具备安全、规范的操作和管理能力。
2）职业能力。
①（02A）能根据设备运行状态判断设备常见故障。
②（02B）能对设备的机械、液压、气动控制故障进行维修。
③（02C）能识读电气图样、识别电器元件。
④（02D）能设计简单电气回路。
⑤（02E）能正确使用电动、气动工具。

2. 培养能力

①掌握中级维修电工理论知识。
②会使用常用仪器、仪表。
③会检修小型变压器和电焊机的故障。
④会检修电动机的故障。
⑤掌握电动机控制线路技能。
⑥会应用可编程序控制器。

4.5.3　汽车装调工证

1. 培养任务

1）职业素质。
①（ZSA）具有良好的职业道德和科学的创新精神。
②（ZSB）具备团队协作与沟通能力。

③（ZSC）具有按照5S管理的要求进行工作，具有良好的社会责任感和环境保护意识。
④（ZSD）具备安全、规范的操作和管理能力。
2）职业能力。
①（01A）能解读本班组汽车装调工艺卡和作业指导书。
②（01B）能合理协调班组内的岗位资源。
③（01C）能指导班组人员填写质量记录卡。
④（01D）能指导班组人员进行设备维护保养。
⑤（01E）能对班组人员进行汽车装调工艺培训。
⑥（01F）能拟定班组的5S管理的工作计划并组织实施。
⑦（01G）能进行车辆装配调试。
⑧（01H）能识别、分析及维护常用汽车机构。

2. 培养能力

①掌握汽车制造工艺基本知识。
②会使用汽车装配常用设备。
③掌握发动机装配工艺。
④掌握汽车总装工艺。
⑤会检测汽车总体性能。

4.6 综合实践

4.6.1 顶岗实习

1. 实习目标

顶岗实习是一个很重要的实践性教学环节，通过实习真正达到理论联系实际的目的，巩固学生所学专业课程内容，在生产实践中锻炼和提高学生的分析问题、解决问题的能力。通过顶岗实习，学生能够了解在真实工作环境下对工人素质的全面要求，给学生提供一个由学校向职业岗位过渡的过渡期，进一步培养提高学生的职业能力和职业素质，最终实现学校与用人单位之间的零距离接轨，为学生就业开辟和铺设道路。

2. 实习管理

实现学校与企业双重管理。学生在企业有固定的实习岗位和实习项目，并有固定的企业导师指导，学生顶岗实习成绩由校企共同考核，实行以企业为主、学校为辅的校企双方考核制度，学生要定期做实习汇报，校内教师必须对学生在岗位中遇到的专业问题及适应性转变的心理问题等予以辅导，并解决学生的其他问题。

3. 实习考核

顶岗实习考核分为两部分：企业指导教师对学生进行业务考核，占总成绩的70%；学校指导教师对学生的工作报告进行评价，占总成绩的30%。学生顶岗实习成绩分为优秀、良好、合格和不合格四个等级。

4. 管理制度或文件

管理制度或文件总共分为六种，分别为顶岗实习教学大纲、顶岗实习计划、顶岗实习指导书、顶岗实习手册、顶岗实习报告、指导教师工作记录。

4.6.2 毕业实践项目

1. 实践目标

毕业实践项目是就业前的综合实践教学环节，是对学生理论与实际结合能力的检验，主要培养和强化学生的综合运用能力、工程实践能力和创新意识。

2. 选题要求

选题应在顶岗实习的基础上，由企业导师和学校导师（简称双导师）及学生本人三方面共同协商确定，围绕本专业培养目标，解决与汽车装配、焊装、设备维护、冲压等相关生产实际问题，具有实际应用价值。

3. 相关管理制度或文件

毕业实践项目由双方导师共同管理、共同指导学生独立完成项目内容。结束时，学生应提交完整的成果，并独立撰写一篇论文。毕业设计文件包括任务书、指导书、考核内容与办法、工作日志等。

4.7 职业发展能力模块

4.7.1 汽车拆装与调试

1. 培养任务

1）职业素质。

①（ZSD）具备安全、规范的操作和管理能力。

②（ZSA）具有良好的职业道德和科学的创新精神。

③（ZSC）具有按照5S管理的要求进行工作，具有良好的社会责任感和环境保护意识。

④（ZSB）具备团队协作与沟通能力。

2）职业能力。

①（01H）能识别、分析及维护常用汽车机构。

②（01D）能指导班组人员进行设备维护保养。

③（01F）能拟定班组5S管理的工作计划并组织实施。

④（01G）能进行车辆装配调试。

⑤（01E）能对班组人员进行汽车装调工艺培训。

⑥（01C）能指导班组人员填写质量记录卡。

⑦（01B）能合理协调班组内的岗位资源。

⑧（01A）能解读本班组汽车装调工艺卡和作业指导书。

2. 培养能力

①能识别汽车机构及零件，并了解其功能。

②能熟练使用汽车拆装的常用工具。

③掌握汽车装配工艺的相关知识。

④全面了解汽车总装工艺。

⑤能掌握汽车常用检测的方法。

4.7.2 汽车机械传动原理

1. 培养任务

1）职业素质。

①（ZSA）具有良好的职业道德和科学的创新精神。

②（ZSB）具备团队协作与沟通能力。

③（ZSC）具有按照5S管理的要求进行工作，具有良好的社会责任感和环境保护意识。

④（ZSD）具备安全、规范的操作和管理能力。

2）职业能力。

①（01H）能识别、分析及维护常用汽车机构。

②（02C）能识读电气图样、识别电器元件。

③（02E）能正确使用电动、气动工具。

④（02F）具有计算简单电路及机械机构参数的能力。

2. 培养能力

①掌握四杆机构的原理及应用。

②掌握凸轮机构的原理及应用。

③掌握连接的原理及应用。

④掌握带传动的原理及应用。

⑤掌握齿轮传动的原理及应用。

⑥掌握轮系的原理及应用。

⑦掌握轴的原理及应用。

⑧掌握轴承的原理及应用。

⑨掌握联轴器、离合器、制动器的原理及应用。

4.7.3 工业机器人应用与维护

1. 培养任务

1）职业素质。

①（ZSA）具有良好的职业道德和科学的创新精神。

②（ZSB）具备团队协作与沟通能力。

③（ZSC）具有按照5S管理的要求进行工作，具有良好的社会责任感和环境保护意识。

④（ZSF）具有在工作中善于发现问题和解决问题的能力。

⑤（ZSG）具有汇报工作进展和阶段成果的能力。

2）职业能力。

①（02A）能根据设备运行状态判断设备常见故障。

②（02B）能对设备的机械、液压、气动控制故障进行维修。

③（02E）能正确使用电气工具。

④（02H）能对机器人进行操作、保养、编程和维护。

2. 培养能力

①认知工业机器人。

②掌握工业机器人的基本操作。

③掌握工业机器人的重定位运动。

④掌握工业机器人的程序指令。

⑤掌握工业机器人的程序设计基本技能。

⑥掌握工业机器人的高级编程技能。

⑦熟悉搬运工业机器人工作站的原理及应用。

⑧熟悉涂胶工业机器人工作站的原理及应用。

4.7.4 精益生产系统

1. 培养任务

1）职业素质。

①（ZSA）具有良好的职业道德和科学的创新精神。

②（ZSB）具备团队协作与沟通能力。

③（ZSC）具有按照5S管理的要求进行工作，具有良好的社会责任感和环境保护意识。

④（ZSD）具备安全、规范的操作和管理能力。

⑤（ZSG）具有汇报工作进展和阶段成果的能力。

2）职业能力。

①（01B）能合理协调班组内的岗位资源。

②（01F）能拟定班组5S管理的工作计划并组织实施。

③（01I）了解企业生产标准化的方法、过程及管理模式。

2. 培养能力

①了解BBOS系统的相关知识。

②了解5S可视化管理的相关知识。

③了解标准化生产过程。

④掌握质量控制的相关技能。

⑤掌握拉动生产系统的相关技能。

⑥掌握持续改善的相关技能。

4.8 可选模块

为了拓宽学生的视野，完善学生能力和素质结构，关注每个学生潜能的开发、个性的发展，提高课程的实用性、前瞻性和科学性。本人才培养方案中开设可选模块课程，主旨为在学生了解本专业领域的新理论、新技术和新应用的同时，使其对专业知识的学习进一步深入和扩展。除此之外，为学生提供发挥个人潜能、兴趣和爱好的时间和空间，促进不同学科、专业的交叉渗透。

4.8.1 汽车保养

“汽车保养”课程旨在培养学生以下能力：

①会更换机油和机油滤清器，掌握发动机润滑系统的功能和润滑油的使用标准。

②能清洗节气门、喷油器、进气道，了解发动机电控系统和进气系统的组成和功能。

③会检查与更换火花塞、高压线，掌握发动机点火系统的功能和点火系统主要部件的特性。

④会更换正时带与传动带，了解发动机配气机构正时带的作用和使用要求。

⑤会检查与更换蓄电池，了解蓄电池的基本结构、型号、使用要求和检查内容。

⑥会使用万用表、电瓶测试仪、密度计等工具。

4.8.2 汽车文化

“汽车文化”课程旨在培养学生以下能力：

①了解汽车的地位、作用、典故。

②了解中国汽车工业的崛起。

③了解世界汽车的发展趋势。

④了解汽车的三次重大变革。

⑤了解汽车外形的发展历史，以及甲壳虫形、箱形、鱼形、子弹头形、船形、楔形汽车的特点。

⑥了解汽车运动的起源。

⑦了解方程式、勒芒、汽车拉力、山地、卡丁等赛车种类。

⑧了解汽车排放污染。

⑨了解汽车轻量化。

⑩了解能源电动化。

4.9 基础模块

4.9.1 思想政治理论课

思想政治理论课分为“思想道德修养与法律基础”和“毛泽东思想和中国特色社会主义理论体系概论”两门课程，理论教学计划学时分别为32学时和54学时，实践教学计划学时分别为18学时，课程性质为必修课程。

授课时应把握这两门课程的内在联系，将形势与政策、军事理论教育、社会实践、专题讲座等纳入教学系统，进行整体规划，增强教学的针对性和实效性。从社会问题、历史进程、道德规范等方面对课程内容进行重构，形成若干教学任务，把马克思主义和科学发展观的立场、观点、方法以及学生的世界观、人生观、价值观和法制观分别融入任务中，通过理论讲授、学生分析、讨论和相关的实践活动完成教学任务。

4.9.2 体育

“体育”课分为体育基础课程和体育选项课程，教学计划学时为104学时，分三个学期完成教学任务，课程性质为必修课程。第一学期为体育基础课程，以提高学生身体素质为主要教学目标；第二、三学期为体育选项课程，学生可根据自身的兴趣、爱好和特点，在篮球、足球、排球、乒乓球、武术、田径、游泳、体操、羽毛球、网球、健美操、瑜伽、轮滑、器械健身、击剑、体育保健等备选项中任选一项进行学习，每学期的选项不得重复。通过学习，全面促进学生身体素质的发展，学生能够较系统地掌握两项体育运动技能。

在课程教学中，及时发现和选拔有特长的学生，组建各类运动队，参加各类体育竞赛。每年定期进行体能测试、举办运动会及各种群体活动，开设体育文化讲座，指导学生体育社团活动，丰富校园文化生活。

4.9.3 职业英语

“职业英语”课程教学单元分为通用部分和职业部分，教学计划学时为172学时，分三个学期完成教学任务，课程性质为必修课程。通用部分的教学目标与高职高专全国英语应用能力考试接轨，通过学习提高学生听、说、读、写、译等英语基本技能，并通过全国英语应用能力（B级）测试，在第一、二学期完成教学任务。职业部分以岗位工作要求设计英语学习任务，注重培养学生用英语进行业务交流的能力，突出实践性和职业性结合的特点。

在教学方法上，采用单元主题情景教学、互动交际、任务驱动、角色扮演、小组讨论等。除此之外，利用课外时间开设选修课、举办英语沙龙，组建分层、分类的辅导班、集训队等，将必修课、选修课、自主学习和实践活动有机结合，形成一个完整的“职业英语”课程体系，使不同层次的学生在英语应用能力方面得到充分的训练与提高。

4.9.4 计算机应用基础

三年制高职“计算机应用基础”课程教学计划学时为64学时，在第一或第二学期完成教学任务，课程性质为必修课程。该课程的任务是使学生掌握必备的计算机应用基础知识和基本的操作技能，培养学生熟练应用计算机解决工作与生活中实际问题的能力及学习相关软件的能力，要求学生参加并通过“全国计算机信息高新技术考试”（办公软件应用模块—操作员四级）。

在教学中以项目教学为主线，教学内容的安排形成“提出项目—布置任务—完成任务—扩展相关知识和技能—训练重点操作—课余巩固练习”的教学模式，从而适应任务驱动的“教学做一体化”的课堂教学组织模式。在教学方法上运用项目教学结合任务驱动法、讲授法、演示法、讨论法、练习法、反馈法、总结归纳法等丰富多彩的教学手段保证教学效果。在教学模式上突出学生的主体性，精讲多练，集体授课与个别化学习相结合，加强学生与教师之间在教学中的互动。

4.9.5 应用数学

“应用数学”课程的教学计划学时为84学时，在第一、二学期完成教学任务，课程性质为必修课程。本课程分为基础模块、专业类模块、专业应用模块。基础模块的主要内容为一元微积分基础理论知识，注重培养学生的基本逻辑思维和运算能力；专业类模块根据专业选取教学内容，为学生进行后续专业学习奠定数学基础；专业应用模块从专业中选取任务，建立数学模型，并加以验证和解决，培养学生分析和解决专业问题的能力。

除此之外，利用课外时间开设选修课，组建各类数学辅导班和数学建模集训队，为学生自主学习和可持续性发展提供有力的保障。

4.9.6 实用语文

“实用语文”课程的教学计划学时为36学时，用一个学期完成教学任务，课程性质为必修课程。在教学方法上采用理论教学和实践教学相结合，根据企业和专业发展的需求，设计语文学习任务，突出实践性和职业性相结合的特点，将必修课与选修课、网上自主学习和校内外实践活动有机结合，形成一个完整的实用语文课程体系，满足学生个性化发展的需要，力求培养学生口语和书面表达能力，提高学生口语和书面表达的条理性、准确性和逻辑性，为专业学习服务。

4.10 评价方案

4.10.1 评价机制

1. 建立完善的分级考核标准

为了达到学分互认、资源共享，横向应建立统一的基本标准，即在同类型、同层次学校的同专业之间建立统一的考核标准；纵向应建立分段成品考核标准，即在每一级之间建立必要的分段考核标准。

2. 建立完善的质量保证与评价体系

采取单项评价与综合评价结合、主体评价与客体评价结合、内部评价与外部评价结合、学校评价与社会评价结合，构建评价指标、评价组织和评价程序。

3. 建立信息反馈体系

建立上下游、内外部结合的人才需求、人才质量、专业人才的适应性等信息收集和反馈系统，以形成人才培养与生产需求之间的主动适应和不断跟进机制，实现教育与生产的健康持续发展。

4.10.2 评价原则

对人才培养质量监测与评价，一方面可准确掌握、全面衡量教学状况，寻找薄弱环节，为教改决策提供依据；另一方面，可建立或完善教学监测与评价机制，确保教学工作有条不紊地进行。质量监测与评价一般应遵循以下基本原则。

1. 一般与重点相结合原则，但更注重突出重点

教学质量监测与评价体系的设计既要考虑系统性和覆盖面，更要根据实际的办学状况充分突出重点。特别是要针对当前的一些重大问题，如教学内容与实际生产脱节、教材落后陈旧、教师能动性发挥欠佳等，必须建立相应的预警机制。

2. 理论性与可操作性相结合原则，但更加侧重于可操作性

指标体系的设计既要遵循和符合高职院校的教育教学规律，经得起理论上的推敲，又更要具有在日常教育教学活动中的可操作性。

3. 静态与动态相结合原则，但更注重动态性

一方面，某些重要的评价指标是相对固定的；另一方面，一些指标的评价标准随着职业岗位等外部条件的变化而变化。对此，在设计质量监测与评价体系时要充分考虑到环境因素、社会因素和学校因素，做到静态和动态的有机结合。

4.10.3　组织与实施

成立人才培养教学委员会和教学实施团队，分好课程教学小组，进行集体备课、集体授课、集体考评，每两周研讨一次，每学期教学委员会研讨一次，修正方案，建立学生档案，形成长期跟踪机制和相关教学文档。

4.10.4　实施保障

1. 团队保障

按照一个标准班（35 人）每年招生两个班核算，根据课程教学实施和学生能力培养的需要，职业 4 级教学团队配置和要求见表 4-2。

表 4-2　职业 4 级教学团队配置和要求

师资来源	教师类别	要　求	人数
校内专任教师	专业带头人	（1）具有副高级专业技术职务，年龄 50 岁以下 （2）有教育视野和专业视野 （3）有较强的教学能力 （4）有较强的科研能力 （5）有全面的管理能力 （6）有人本精神 （7）有较强的敬业精神	1
	骨干教师	（1）政治思想素质好，有强烈的事业心和良好的职业道德 （2）能带领课程团队完成课程设计与开发、制订课程培养目标及课程标准，基础理论和专业知识扎实，教学效果优良 （3）具备课程设计与开发能力、教研教改能力、专业核心课程教学能力、实践教学指导能力，成果显著 （4）一般应具有大学本科及以上学历，中级及以上专业技术职务（高技能的实习指导教师可适当放宽条件）	5
	普通专业教师	（1）政治思想素质好，有强烈的事业心和良好的职业道德 （2）基础理论和专业知识扎实，具备教研教改能力、专业课程教学能力、实践教学指导能力 （3）能高质量地完成学校规定的教学任务，能参与完成课程设计与开发、制订课程培养目标及课程标准	15
企业兼职教师	技术专家	（1）具有博士学位或副高级以上专业技术职务，年龄 50 岁以下 （2）从事汽车生产工作 10 年以上，具有丰富的实践能力和项目开发经验，能把握汽车发展方向，研究汽车领域内的先进技术，并转化为产品特性，同时将最新的技术转化为课堂教学项目 （3）优化汽车及周边产品的产品架构设计，开设专题讲座，开拓学生的视野 （4）能找出课堂教学与企业生产一线存在的差距，并提出相应的解决方案 （5）能指导教学开发团队开展工作 （6）能为学生毕业实践项目把握方向 （7）能与学校共同完成学生评价体系的制定与修改工作	5

（续）

师资来源	教师类别	要　求	人数
企业兼职教师	能工巧匠	（1）具有工程师以上专业技术职务，年龄45岁以下 （2）从事汽车生产工作5年以上，具有较强的实践能力和丰富的项目开发经验，能够将企业生产一线的相关内容转化为教学项目，并在课堂上指导学生实际操作 （3）能开设专题讲座，为学生介绍行业、企业的最新发展动态 （4）能参与学校教学团队的课程开发工作 （5）能为学生毕业实践项目把握方向，并指导学生完成毕业实践项目 （6）能参与学生评价工作，并对学生评价标准提出相应的修改意见	5
	指导教师	（1）熟悉企业生产一线的工作流程，能够在生产线上指导学生工作 （2）能对学生进行生产线的安全操作规程教育 （3）能参与实际教学工作，并指导学生进行规范的动手操作 （4）能指导学生完成毕业实践项目 （5）能参与学生评价工作	10

2. 教学设施保障

（1）校内实践教学条件配置与要求　按照一个标准班（35人），根据课程教学实施和学生能力培养的需要，校内实践教学条件配置与要求见表4-3。

表4-3　校内实践教学条件配置与要求

序号	实训室名称	主要设备配置及数量/台或套	主要功能	支撑课程
1	钳工实训室	钳工工作台(24)、台虎钳、划线平台(2)、钻床(6)	钳工实训	奔驰车模制作与装配、电动小车制作与装配、钳工取证
2	车工实训室	车床CA6136(8)、钳工工作台(2)、7抽屉工具箱(3)、工具车(3)、货架(1)	车削加工实训	奔驰车模制作与装配
3	铣工实训室	万能工具铣床X8126B(5)、万能工具铣床X8130(2)、钳工工作台(3)、台虎钳(3)、7抽屉工具箱(3)、货架(1)	铣削加工实训	奔驰车模制作与装配
4	MPS实训室	MPS生产线(1)、工控机(10)、龙州A型实训台(10)	液压与气动、PLC技术训练	自动送料站搭建与调试
5	ABB工业机器人实训室	模拟弧焊工业机器人、控制柜(2)，拟涂胶工业机器人、控制柜(2)，模拟搬运工业机器人、控制柜(2)，上、下料台(6)	工业机器人技术实训	工业机器人应用与维护、电动小车制作与装配
6	焊接实训室	焊机(4)、气瓶(2)	焊接实训和汽车装焊等实训和教学任务	奔驰车模制作与装配、电动小车制作与装配、钳工取证
7	冲压实训室	液压机、模具、工业机器人系统、端拾器、上料平台、下料平台、机器人底座、安全防护装置与设备、机器人软件系统、笔记本式计算机、电气控制系统等	冲压模具的安装与调试实训，液压机的结构分析与安全操作实训；工业机器人的编程与操作实训；车身覆盖件的拉深、整形、切边、翻边等；冲压工艺分析实训，车身冲压自动生产线的调试实训	奔驰车模制作与装配、电动小车制作与装配

（续）

序号	实训室名称	主要设备配置及数量/台或套	主要功能	支撑课程
8	液压气动实训室	液压气动实验、设备控制技术实训	实训、实验、实习	自动送料站搭建与调试
9	数控实训室	数控车床(10)、加工中心(2)、数控铣床(10)	数控加工技术实训	电动小车制作与装配
10	汽车装配实训车间	汽车装配线(5工位生产线)、POLO轿车(装配用车)、骑士越野车(装配用车)、风扳机(装配专用工具)、定扭扳手(装配专用工具)、表针扳手(装配专用工具)、电池扳手(装配专用工具)、前桥工装(装配工装)、后桥工装(装配工装)、桥车(装配工装)、料架(装配附具)、扭矩检测仪	汽车内饰的装配工艺操作实训，汽车底盘的装配工艺操作实训，汽车轮胎的装配工艺操作实训，汽车装配气动、电动工具的调试与检测实训	汽车拆装与调试、汽车机械传动原理、电动小车制作与装配、装调工取证
11	发动机装配实训室	汽车发动机装配线(1)、498发动机(5)、装配专用工装(6)、气动扭矩扳手(12)、验扭工具(5)、装配专用工具(13)	发动机的装配与调试训练	汽车拆装与调试
12	电工电子实训室	电工实训、电子实训、低压运行维修操作工、毕业设计	实训、实验、实习	低压电工取证、维修电工取证

(2) 校外实践基地建设要求　按照一个标准班（35人），根据专业教学计划中生产实习、课程综合实习、毕业实习和就业的需要，汽车制造技术专业校外实践基地配置与要求见表4-4。

表4-4　校外实践基地配置与要求

提供的岗位	对应的课程	企业
设备维修工、钣金维修工、车身钣金工、发动机装配工、汽车维修电工、汽车检测工、冲压模具维修工、数控操作工、设备维修工、汽车装调工	自动送料站搭建与调试、奔驰车模制作与装配、电动小车制作与装配、汽车拆装与调试、汽车机械传动原理、工业机器人应用与维护、精益生产系统简介	北京奔驰汽车有限公司
设备维修工、钣金维修工、车身钣金工、发动机装配工、汽车维修电工、汽车检测工、冲压模具维修工、数控操作工、设备维修工、汽车装调工	自动送料站搭建与调试、奔驰车模制作与装配、电动小车制作与装配、汽车拆装与调试、汽车机械传动原理、工业机器人应用与维护、精益生产系统简介	北京现代汽车有限公司
设备维修工、钣金维修工、车身钣金工、发动机装配工、汽车维修电工、汽车检测工、冲压模具维修工、数控操作工、设备维修工、汽车装调工	自动送料站搭建与调试、奔驰车模制作与装配、电动小车制作与装配、汽车拆装与调试、汽车机械传动原理、工业机器人应用与维护、精益生产系统简介	北汽福田汽车股份有限公司
自动线维护员、设备维修工、数控操作工、设备维修工、维修电工	自动送料站搭建与调试、工业机器人应用与维护、精益生产系统简介	SMC（中国）有限公司

3. 教学资源保障

核心课相（课程）教学资源配置见表4-5。

表4-5　核心课相教学资源配置

核心课相(课程)	教学资源配置要求
自动送料站搭建与调试	(1)“自动送料站搭建与调试”课相标准和授课计划 (2)“自动送料站搭建与调试”高职高专教材 (3)“自动送料站搭建与调试”教学视频 (4)“自动送料站搭建与调试”课相网站 (5) 液压气动、电工电子、机电小系统实训室
奔驰车模制作与装配	(1)“奔驰车模制作与装配”课相标准和授课计划 (2)“奔驰车模制作与装配”高职高专教材 (3) 奔驰车模图样及零件加工质量评价标准 (4)“奔驰车模制作与装配”教学视频 (5)“奔驰车模制作与装配”课相网站 (6) 钳工、车削、铣削、冲压、焊接实训室
电动小车制作与装配	(1)“电动小车制作与装配”课相标准和授课计划 (2)“电动小车制作与装配”高职高专教材 (3)“电动小车制作与装配”教学视频 (4)“电动小车制作与装配”课相网站 (5) 电工电子、数控、焊接、冲压、机器人、钳工、喷漆实训室

第5章　职业4级课程标准

5.1　课相

5.1.1　奔驰车模制作与装配1

1. 课相定位

“奔驰车模制作与装配1”是职业4级的支撑课相。本课相是“奔驰车模制作与装配”课相中的“车架零件加工”部分，以职业4级标准为依据，以汽车制造企业中的设备维修工、发动机装配工、汽车装调工、冲压模具维修工、数控操作工、自动线维护员、钣金维修工、车身钣金工、汽车检测工等相关工作岗位的职业能力要求为目标，培养学生职业4级及现场生产管理与质量控制等方面的职业素养和职业能力，提高学生的就业竞争能力。

本课相采用理实一体化授课方式。本课相安排在职业4级第一学年第一学期。其前导课为：高中物理和数学。本课相涵盖的知识点、技能点较多，是学生后续课相“奔驰车模制作与装配2”“奔驰车模制作与装配3”的学习基础，具有很强的实用性和实践性。

2. 课相目标

本课相以制作奔驰车模为载体，学生在车模零件的加工过程中，逐步掌握钳工所需的技术理论知识和操作技能，掌握金属加工所要求的机械制图、金属材料、公差配合与技术测量等学科的基本理论。同时培养学生的交流能力、合作能力、解决问题能力、责任感、学习能力等软技能。在工学结合中培养学生理论与实际相结合及实际操作的能力。

3. 教学起点

本课相面向的是职业4级一年级的新生，通过高中物理、数学的学习，学生已具备相应知识和能力，具体如下：

1）平面几何和立体几何基本知识。

2）量具直尺、游标卡尺的简单使用。

由于本课相内容的专业性、实践性较强，学生可能会在开始识读和绘制零件图，或在使用设备和工具加工零件等方面遇到一些困难。

4. 内容与要求

（1）教学内容　本课相根据职业4级人才培养目标的要求，从汽车装调工（高级）、设备维修工（中级）、数控操作工（发动机）、模具维修工、钣金修复工、汽车维修电工、自动线维护员等相关工作岗位的职业能力要求出发，以钳工取证的知识需求为依据确定教学内容。

（2）内容排序　遵循学生认知规律和职业能力培养基本规律，以工作任务从简单到复杂，知识和技能由浅入深渗透到学生的工作过程中为依据，合理序化教学内容，安排学习任务，培养学生的职业素养和职业能力。

（3）教学结构表　教学结构表内容见表5-1～表5-7。

表5-1　任务1——车模铭牌（name plate）制作（6学时）

学习内容	（1）《机械制图》国家标准 （2）钳工入门指导及划线基础知识 （3）加工铭牌——字头打印、划线与冲眼 （4）铭牌加工质量评价
学习标准	（1）能辨别机械图样中不符合标准要求的主要错误 （2）能使用划线工具和量具对铭牌进行划线和测量 （3）能完成零件铭牌的字头打印、划线与冲眼 （4）能完成铭牌的加工质量评价
学习建议	（1）在做海报进行理论知识的学习时，积极参与小组工作，发表自己的意见，和同学多沟通 （2）在加工铭牌时，要认真阅读图样，与老师和同学积极沟通，要考虑划线基准、铭牌的加工质量等 （3）加工铭牌时，要注意安全和文明生产
评价建议	（1）从学生参与的态度、海报的完成质量、语言表达等方面进行口头评价 （2）学生自评铭牌加工质量 （3）指导教师评价铭牌加工质量 （4）检查学生工作日志，根据学生关于本项目理论知识的掌握情况进行评价
教学建议	（1）采用小组工作法获取新知识和新技术 （2）铭牌加工在钳工实训室完成，每个学生一个钳工工作台 （3）铭牌加工质量评价表与图样、毛坯一起发给学生

表5-2　任务2——车模零件锯削加工（12学时）

学习内容	（1）金属材料的性能 （2）钢的热处理 （3）常用的金属材料 （4）锯削理论知识 （5）锯削弹簧下支撑座（bearing elasticity lower） （6）锯削前（后）保险杠[bumper front（rear）] （7）锯削挡泥板前（后）固定杆[fender anchorage front（rear）]、左（右）交叉杆[square cross left（right）] （8）锯削外接设备动力装置（side drive） （9）锯削弹簧上支撑座（bearing elasticity top） （10）锯削加工质量评价
学习标准	（1）能说出金属材料的力学性能 （2）能说出钢的整体热处理种类、工艺特点及作用 （3）能说出常用金属材料的分类、牌号及用途 （4）能完成车模零件的锯削加工 （5）能完成车模零件锯削加工质量评价
学习建议	（1）在绘制零件的三视图时，要按照国家标准规定，并考虑加工的因素，同时要多练习，课后认真完成老师布置的作业 （2）在做海报进行理论知识的学习时，积极参与小组工作，发表自己的意见，和同学多沟通 （3）在进行锯削加工零件时，要认真阅读图样，与老师和同学积极沟通，注意锯削操作要规范及锯削加工质量 （4）锯削加工零件时，要注意安全和文明生产

（续）

评价建议	（1）学生完成组合体三视图绘制的书面质量评价 （2）从学生参与的态度、海报的完成质量、语言表达等方面进行口头评价 （3）学生自评车模零件锯削加工质量 （4）指导教师评价车模零件锯削加工质量 （5）检查学生工作日志，根据学生关于本项目理论知识的掌握情况进行评价
教学建议	（1）采用小组工作法获取新知识和新技术 （2）车模零件锯削加工在钳工实训室完成，每个学生一个钳工工作台 （3）车模零件锯削加工质量评价表与图样、毛坯一起发给学生

表5-3 任务3——车模零件锉削加工(36学时)

学习内容	（1）组合体三视图的识读与绘制 （2）锉削理论知识 （3）锉削弹簧下支撑座 （4）锉削前(后)保险杠 （5）锉削挡泥板前(后)固定杆、左(右)交叉杆 （6）锉削斗箱托板(amplification hull) （7）锉削固定架接头(bearing block flexible coupling)、斗箱接头(dumper flexible coupling) （8）锉削转向柱支撑板(bearing steering) （9）锉削外接设备动力装置(side drive) （10）锉削前(后)轮动力输入装置[portal transmission front (rear)] （11）锉削弹簧上支撑座 （12）锉削加工质量评价
学习标准	（1）能绘制组合体的三视图 （2）能识读车模零件图 （3）能完成车模零件的锉削加工 （4）能完成车模零件锉削加工质量评价
学习建议	（1）在做海报进行理论知识的学习时，积极参与小组工作，发表自己的意见，和同学多沟通 （2）在锉削零件时，要认真阅读图样，与老师和同学积极沟通，注意锉削操作要规范，要注意锉削加工质量的控制和检验 （3）锉削加工零件时，要注意安全和文明生产
评价建议	（1）学生参与的态度、海报的完成质量、语言表达等方面进行口头评价 （2）学生自评车模零件锉削加工质量 （3）指导教师评价车模零件锉削加工质量 （4）检查学生工作日志，根据学生关于本项目理论知识的掌握情况进行评价
教学建议	（1）采用小组工作法获取新知识和新技术 （2）车模零件锉削加工在钳工实训室完成，每个学生一个钳工工作台 （3）车模零件锉削加工质量评价表与图样、毛坯一起发给学生

表 5-4　任务 4——车模零件钳工划线(6 学时)

学习内容	(1) 划线的作用及种类 (2) 划线工具及其用法 (3) V 形铁等的正确使用 (4) 万能分度头的功能和结构
学习标准	(1) 知道划线的作用及种类 (2) 能正确使用划线工具对车模零件进行划线 (3) 能正确使用 V 形铁 (4) 能正确使用万能分度头等分零件
学习建议	(1) 划线前工件要进行清理、检查和去除毛刺 (2) 按工件图样的要求，检查和校验高度尺 (3) 划线完成后，要反复核对尺寸，才能进行加工 (4) 要正确维护量具及工具 (5) 勤于思考，善于总结和提问，多观察老师的操作示范
评价建议	(1) 学生自评车模零件划线质量 (2) 指导教师评价车模零件划线质量 (3) 检查学生工作日志，根据学生关于本项目理论知识的掌握情况进行评价
教学建议	(1) 采用小组工作法获取新知识和新技术 (2) 车模零件钳工划线在钳工实训室完成，每组学生一个钳工划线平台 (3) 强调高度尺划线过程中应该重视的注意事项，并进行示范演示。特别要强调爱护高度尺划线爪的措施 (4) 学生在划线操作过程中，教师要不断地巡回检查、及时纠正、示范

表 5-5　任务 5——车模零件钻削加工(18 学时)

学习内容	(1) 轴测图的识读与绘制 (2) 剖视图的识读与绘制 (3) 尺寸公差与配合 (4) 钻削理论知识 (5) 钻削弹簧下支撑座 (6) 钻削前(后) 保险杠 (7) 钻削挡泥板前(后) 固定杆、左(右) 交叉杆 (8) 钻削斗箱托板 (9) 钻削固定架接头、斗箱接头 (10) 钻削弹簧上支撑座 (11) 钻削转向柱支撑板 (12) 钻削外接设备动力装置 (13) 钻削大梁(frame) (14) 钻削加工质量评价

（续）

学习标准	（1）会绘制中等难度零件的剖视图 （2）会计算零件的尺寸公差，会查用孔、轴基本偏差数值表，能判断配合性质，能绘制公差带图 （3）能完成车模零件的钻削加工 （4）能完成车模零件钻削加工质量评价
学习建议	（1）在识读与绘制轴测图、剖视图时，要多练习，课后认真完成老师布置的作业 （2）在做海报进行理论知识的学习时，积极参与小组工作，发表自己的意见，和同学多沟通 （3）在钻削零件时，要认真阅读图样，与老师和同学积极沟通，要注意划线基准和尺寸，要注意钻削操作要领 （4）钻削加工零件时，要注意安全和文明生产
评价建议	（1）从学生参与的态度、海报的完成质量、语言表达等方面进行口头评价 （2）学生自评车模零件钻削加工质量 （3）指导教师评价车模零件钻削加工质量 （4）检查学生工作日志，根据学生关于本项目理论知识的掌握情况进行评价
教学建议	（1）采用小组工作法获取新知识和新技术 （2）车模零件钻削加工在钳工实训室完成，一个组在使用钻床时，可安排其他组学生完成其他工作任务 （3）车模零件钻削加工质量评价表与图样、毛坯一起发给学生

表 5-6　任务 6——车模零件铰削加工（4 学时）

学习内容	（1）铰削理论知识 （2）铰削加工前(后）轮动力输入装置
学习标准	能完成车模零件的铰削加工
学习建议	（1）在做海报进行理论知识的学习时，积极参与小组工作，发表自己的意见，和同学多沟通 （2）在铰削零件时，认真阅读图样，与老师和同学积极沟通，要注意铰削余量的选择 （3）铰削加工零件时，要注意安全和文明生产
评价建议	（1）从学生参与的态度、海报的完成质量、语言表达等方面进行口头评价 （2）学生自评车模零件铰削加工质量 （3）检查学生工作日志，根据学生关于本项目理论知识的掌握情况进行评价
教学建议	（1）采用小组工作法获取新知识和新技术 （2）车模零件铰削加工在钳工实训室完成，每个学生一个钳工工作台

表 5-7　任务 7——车模零件螺纹加工（14 学时）

学习内容	（1）螺纹的知识、画法及标注 （2）攻螺纹与套螺纹理论知识 （3）力对点之矩、力偶与力偶矩、力的平移定理 （4）转向柱支撑板的螺纹加工 （5）外接设备动力装置的螺纹加工 （6）动力传动轴（power take-off shaft）的螺纹加工 （7）挠性轴（axle flexible coupling）的螺纹加工 （8）螺纹加工质量评价

（续）

学习标准	(1) 能说出力矩、力偶与力偶矩的定义，会运用力的平移定理 (2) 能用螺纹的规定画法绘制螺纹，能正确标注螺纹代号 (3) 能完成车模零件的螺纹加工 (4) 能完成车模零件螺纹加工质量评价
学习建议	(1) 在做海报进行理论知识的学习时，积极参与小组工作，和同学多沟通 (2) 在学习力学理论知识及螺纹的画法时，要与攻螺纹等加工操作方法结合起来学习 (3) 在加工零件螺纹时，认真阅读图样，要考虑螺纹的加工工艺、加工质量 (4) 在加工零件螺纹时，要注意安全和文明生产
评价建议	(1) 从学生参与的态度、海报的完成质量、语言表达等方面进行口头评价 (2) 学生自评车模零件螺纹加工质量 (3) 指导教师评价车模零件螺纹加工质量 (4) 检查学生工作日志，根据学生关于本项目理论知识的掌握情况进行评价
教学建议	(1) 采用小组工作法获取新知识和新技术 (2) 加工零件螺纹在钳工实训室完成，每个学生一个钳工工作台 (3) 加工零件螺纹质量评价表与图样、毛坯一起发给学生

5. 方法与手段

(1) 教学方法　本课相采用“工学融合”的教学模式，即做中学、学中做，做学融合，把学习过程融入工作过程中。在教学过程中，以学生为中心，教师只起组织、指导、帮助的作用，教师少讲、学生多讲，采用海报等展示法、卡片法、头脑风暴法、任务驱动法等多种教学方法，培养学生自主学习的能力。采用小组（4～6名学生）工作形式，即通过以小组的形式共同完成一个任务，培养学生的沟通能力、团队合作能力、解决实际问题的能力等软技能。遵循行动导向的教学原则，保证每个学生都有实际的工作任务，提高教学效率。

(2) 教学手段　教师在进行实操内容教学时，要求在钳工实训室现场教学。教师在进行理论内容教学时，要求尽量使用多媒体教学设备，播放教学视频、课件，采用实物、模型等直观教具，利用网络教学等教学手段，激发学生的学习兴趣，提高教学质量和效率。

6. 实践条件

钳工实训室如图5-1所示。本实训室为每个学生配备一个钳工工作台、一个台虎钳、一套钳工工具和量具等；六台钻床、两个平板、两个方箱、四个V形铁等。

图5-1　钳工实训室

该实训室的设备操作规范、工具等的摆放、实训室的管理等与企业（北京奔驰汽车有限公司）实际工作环境相同，能满足课相实践需求。

7. 评价方法

本课相坚持理论与实践并重的原

则，在评价上应采用理论考核和实践考核相结合的方法，注重过程性考核与结果性考核相结合，具体分值见表 5-8。

表 5-8　考核分值表

序号	评价项目	评价内容和方法	分值
1	作业和工作日志	作业是指课相中制图、材料、公差等相关内容的课堂和课后作业，由教师评定 工作日志是学生课后对当天完成工作和学习任务的情况总结，由教师评定	10
2	软技能	从工作方法、主观能动性、沟通能力、合作能力、解决问题能力、责任感六个方面进行评价，主要通过小组（4 ~ 6 名学生）共同完成一项工作任务（海报、工作计划等）的方式，由教师与组内学生共同评定	10
3	实践操作能力	包括铭牌、典型零件锯削、典型零件锉削、典型零件钻削、典型零件螺纹加工质量评价；采用质量评价表形式，由学生和教师共同评定	40
4	理论知识	考核该课相包含的主要理论知识要点，检验理论知识的教学目标完成情况；学期末采用试卷形式，学生闭卷考试，由教师评定	40

8. 教学资源

（1）教材

1）范军．金工实习．北京：中国劳动社会保障出版社，2006，ISBN978-7-5045-5711-7。

2）梁东旭．机械制图．北京：中国劳动社会保障出版社，2006，ISBN978-7-5045-5746-9。

3）梁东旭．机械制图习题册．北京：中国劳动社会保障出版社，2006，ISBN978-7-5045-4544-9。

4）华东升．机械制造基础．北京：中国劳动社会保障出版社，2006，ISBN978-7-5045-2601-4。

以上教材都是国家级职业教育规划教材，教师在教学过程中可根据学习任务的需要，从中选择教学内容。同时以上教材的内容只能满足教学的部分需要，需要教师在教学过程中根据学生的接受能力进行补充。

（2）学材

1）奔驰“乌尼莫克（Unimog）”车模图样及零件加工质量评价表（德国奔驰公司，2006 年）。

2）课件。①奔驰汽车历史；②北京奔驰汽车有限公司质量评价体系。

（3）教学多媒体

1）多媒体投影仪。播放课件、教学视频，实物投影等。

2）钳工教学视频。学生能直观地学习划线、锯削、锉削、钻削、攻螺纹与套螺纹等钳工技术理论知识和操作方法。

3）课件（PPT）。学生能高效地学到奔驰汽车历史，北京奔驰汽车有限公司质量评价体系的知识。

4）计算机网络。收集和查询所需要的知识信息，开放网络课相综合平台，培养学生自主学习的能力。

5.1.2　奔驰车模制作与装配 2

1. 课相定位

“奔驰车模制作与装配2”是职业4级的支撑课相。本课相是“奔驰车模制作与装配”课相中的“传动系统零件加工”部分，以职业4级标准为依据，以汽车制造企业中的设备维修工、冲压模具维修工、数控操作工等相关工作岗位的职业能力要求为目标，培养学生汽车制造技术及现场生产管理与质量控制等方面的职业素养和职业能力，提高学生的就业竞争能力。

本课相采用理实一体化授课方式。本课相安排在职业4级第一学年第二学期。其前导课相为“奔驰车模制作与装配1”，本课相涵盖的知识点、技能点较多，是学生后续课相“奔驰车模制作与装配3”“电动小车制作与装配”等的学习基础，具有很强的实用性和实践性。

2. 课相目标

通过本课相的学习，学生能进一步掌握金属材料基本知识、公差配合与测量基本知识、制图基本知识及钳工、车削、铣削等技术知识和操作技能；通过相关知识点的学习及相关技能的训练，学生能掌握金属加工过程中切削原理以及相关的工艺、工装知识，熟悉金属加工中应用的机床、刀具、夹具等设备及工具的选择和使用。进一步培养学生金属加工的实操技能，同时培养学生综合运用知识解决问题的能力和交流协作能力，严谨、规范的工作习惯，安全生产、成本控制、协调合作的意识，使学生具备设备维修工、冲压模具维修工、数控操作工等的职业素质和职业能力。

3. 教学起点

通过“奔驰车模制作与装配1”课相的学习，学生已具备相应的知识和能力。由于本课相内容的专业性、实践性较强，学生可能会在开始操作机床加工零件等方面遇到一些困难。

4. 内容与要求

（1）教学内容　本课相根据职业4级人才培养目标的要求，从设备维修工、冲压模具维修工、数控操作工等相关工作岗位的职业能力要求出发，以铣工、车工取证的知识需求为依据确定教学内容。

（2）内容排序　遵循学生认知规律和职业能力培养基本规律，以工作任务从简单到复杂，知识和技能由浅入深渗透到学生的工作过程中为依据，合理序化教学内容，安排学习项目，培养学生的职业素养和职业能力。

（3）教学结构表　教学结构表内容见表5-9和表5-10。

表5-9　任务1——车模零件铣削加工（42学时）

学习内容	（1）铣工入门指导 （2）铣削加工油箱(tank) （3）铣削加工转换器(drive to engine) （4）铣削加工气缸体(cylinder block) （5）铣削加工油底壳(oil sump) （6）铣削加工变速器箱体(transmission base) （7）几何公差及测量 （8）铣削加工曲轴箱(crankcase)

（续）

学习标准	(1) 能编制铣削零件的加工工艺 (2) 能完成车模零件平面、阶台、沟槽和斜面等的铣削加工 (3) 能完成车模零件铣削加工质量评价 (4) 能识读几何公差的代号，并能解释其含义
学习建议	(1) 在做海报进行理论知识的学习时，积极参与小组工作，发表自己的意见，和同学多沟通 (2) 在做铣削加工零件工艺卡时，认真阅读图样，与老师和同学积极沟通，要考虑安全、工艺基准、零件的加工质量、经济等因素 (3) 铣削加工零件时，要注意安全和文明生产
评价建议	(1) 从学生参与任务完成的态度、海报等展品完成的质量、语言表达等方面进行评价 (2) 学生自评铣削零件加工质量 (3) 指导教师评价铣削零件加工质量 (4) 检查学生工作日志，根据学生关于本项目理论知识的掌握情况进行评价
教学建议	(1) 采用小组工作法获取新知识和新技术 (2) 零件铣削加工在铣工实训室完成，分成小组，每个学生一台铣床，其他学生安排别的金属加工任务 (3) 零件铣削加工质量评价表与图样、毛坯一起发给学生

表5-10 任务2——车模零件车削加工(54学时)

学习内容	(1) 表面粗糙度及标注 (2) 金属切削加工的基本概念及相关计算 (3) 车工入门指导 (4) 车削加工万向节(bell to engine) (5) 车削加工发动机动力输出轴(drive shaft engine) (6) 车削加工前驱动轴(drive shaft front) (7) 车削加工后驱动轴(drive shaft rear) (8) 车削加工车轮动力输入轴(axle journal) (9) 车削加工横向连接杆(cross connection) (10) 车削加工拉杆(tie rod) (11) 车削加工曲轴箱 (12) 车削加工轮毂盖(cover rim)
学习标准	(1) 能识读零件图中表面粗糙度代号并会标注 (2) 会计算车床切削工件时的切削速度 (3) 能编制车削零件的加工工艺 (4) 能完成车模零件外圆、端面和内孔等的车削加工 (5) 能完成车模零件车削加工质量评价
学习建议	(1) 在做海报进行理论知识的学习时，积极参与小组工作，发表自己的意见，和同学多沟通 (2) 在学习表面粗糙度知识时，要把表面粗糙度的数值与加工方法结合起来学习，这样便于理解 (3) 在学习金属切削加工基本知识时，与车床的调整方法结合起来学习 (4) 在做车削加工零件工艺卡时，认真阅读图样，与老师和同学积极沟通，要考虑安全、工艺基准、零件的加工质量、经济等因素 (5) 车削加工零件时，要注意安全和文明生产

（续）

评价建议	（1）从学生参与任务完成的态度、海报等展品完成的质量、语言表达等方面进行评价 （2）学生自评车削零件加工质量 （3）指导教师评价车削零件加工质量 （4）检查学生工作日志，根据学生关于本项目理论知识的掌握情况进行评价
教学建议	（1）采用小组工作法获取新知识和新技术 （2）零件车削加工在车工实训室完成，分成小组，每个学生一台车床，其他学生安排别的金属加工任务 （3）零件车削加工质量评价表与图样、毛坯一起发给学生

5. 方法与手段

（1）教学方法　本课相采用“工学融合”的教学模式，即做中学、学中做，做学融合，把学习过程融入工作过程中。在教学过程中，以学生为中心，教师只起组织、指导、帮助的作用，教师少讲、学生多讲，采用海报等展示法、卡片法、头脑风暴法、任务驱动法等多种教学方法，培养学生自主学习的能力。采用小组（4～6 名学生）工作形式，即通过以小组的形式共同完成一个任务，培养学生的沟通能力、团队合作能力、解决实际问题的能力等软技能。遵循行动导向的教学原则，保证每个学生都有实际的工作任务，提高教学效率。

（2）教学手段　教师在进行实操部分内容教学时，要求在实训室现场教学。教师在进行理论部分内容教学时，要求尽量使用多媒体教学设备，播放教学视频、课件，采用实物、模型等直观教具，利用网络教学等教学手段，激发学生的学习兴趣，提高教学质量和效率。

6. 实践条件

（1）铣工实训室　铣工实训室如图 5-2 所示，配备五台万能工具铣床 X8126B、两台万能工具铣床 X8130、三个钳工工作台、两个台虎钳、三个 7 抽屉工具箱、一个货架以及其他刀具、量具、夹具等。

图 5-2　铣工实训室

（2）车工实训室　车工实训室如图 5-3 所示，配八台车床 CA6136、两个钳工工作台、两个 7 抽屉工具箱、两个工具车、一个货架以及其他刀具、量具、夹具等。

以上实训室的设备操作规范、工具等的摆放、实训室的管理等与企业（北京奔驰汽车有限公司）实际工作环境相同，能满足课相实践需求。

图5-3　车工实训室

7. 评价方法

本课相坚持理论与实践并重的原则，在评价上应采用理论考核和实践考核相结合的方法，注重过程性考核与结果性考核相结合，具体分值见表5-11。

表5-11　考核分值表

序号	评价项目	评价内容和方法	分值
1	作业和工作日志	作业是指课相中制图、材料、公差等相关内容的课堂和课后作业，由教师评定 工作日志是学生课后对当天完成工作和学习任务的情况总结，由教师评定	10
2	软技能	从工作方法、主观能动性、沟通能力、合作能力、解决问题能力、责任感六个方面进行评价，主要通过小组（4～6名学生）共同完成一项工作任务（海报、工作计划等）的方式，由教师与组内学生共同评定	10
3	实践操作能力	包括典型零件铣削、典型零件车削加工的质量评价；采用质量评价表形式，由学生和教师共同评定	40
4	理论知识	考核该课相包含的主要理论知识要点，检验理论知识的教学目标完成情况；学期末采用试卷形式，学生闭卷考试，由教师评定	40

8. 教学资源

（1）教材

1）范军．金工实习．北京：中国劳动社会保障出版社，2006，ISBN978-7-5045-5711-7。

2）梁东旭．机械制图．北京：中国劳动社会保障出版社，2006，ISBN978-7-5045-5746-9。

3）梁东旭．机械制图习题册．北京：中国劳动社会保障出版社，2006，ISBN978-7-5045-4544-9。

4）华东升．机械制造基础．北京：中国劳动社会保障出版社，2006，ISBN978-7-5045-2601-4。

以上教材都是国家级职业教育规划教材，教师在教学过程中可根据学习任务的需要，从中选择教学内容。同时以上教材的内容只能满足教学的部分需要，需要教师在教学过程中根据学生的接受能力进行补充。

（2）学材　奔驰“乌尼莫克（Unimog）”车模图样及零件加工质量评价表（德国奔驰公司，2006 年）。

（3）教学多媒体

1）多媒体投影仪。播放课件、教学视频，实物投影等。

2）教学视频。学生能直观地了解机床、刀具、夹具等设备及工具的选择和使用，直观地学习设备操作技术。

3）课件（PPT）。学生可以直观、高效地学习金属加工技术知识。

4）计算机网络。收集和查询所需要的知识信息，开放网络课相综合平台，培养学生自主学习的能力。

5.1.3　奔驰车模制作与装配 3

1. 课相定位

“奔驰车模制作与装配 3”是职业 4 级的支撑课相。本课相是“奔驰车模制作与装配”课相中的“车身零件加工”部分和“整车装配与涂装”部分。本课相是以职业 4 级标准为依据，以汽车制造企业中的设备维修工、发动机装配工、汽车装调工、冲压模具维修工、数控操作工、钣金维修工、车身钣金工、汽车检测工等相关工作岗位的职业能力要求为目标，培养学生汽车制造及现场生产管理与质量控制等方面的职业素养和职业能力，提高学生的就业竞争能力。

本课相采用理实一体化授课方式。本课相安排在职业 4 级第二学年第一学期。其前导课相为“奔驰车模制作与装配 1”“奔驰车模制作与装配 2”。本课相涵盖的知识点、技能点较多，是学生后续课相“电动小车制作与装配”的学习基础，具有很强的实用性和实践性。

2. 课相目标

通过本课相的学习，学生应进一步掌握金属材料基本知识、公差配合与测量基本知识、制图基本知识及钳工、车削、铣削、冲压、焊接、装配和喷漆等技术知识和技能；通过相关知识点的学习及相关技能的训练，学生能掌握金属加工过程中切削原理以及相关的工艺、工装知识，熟悉金属加工中应用的机床、刀具、夹具等设备及工具的选择和使用，熟悉冲压原理和工艺、焊接原理和工艺、装配工艺和喷漆工艺。进一步培养学生金属加工的实操技能，同时培养学生综合运用知识解决问题的能力和交流协作能力，严谨、规范的工作习惯，安全生产、成本控制、协调合作的意识，使学生具备冲压模具维修工、钣金维修工、汽车装调工、汽车检测工等的职业素质和职业能力。

3. 教学起点

通过前导课相的学习，学生已具备相应的知识和能力。由于本课相内容的专业性、实践性较强，学生可能会在开始识读装配图、操作机床及设备加工零件等方面遇到一些困难。

4. 内容与要求

（1）教学内容　本课相根据职业 4 级专业人才培养目标的要求，从设备维修工、发动机装配工、汽车装调工、冲压模具维修工、数控操作工、钣金维修工、车身钣金工、汽车检测工等相关工作岗位的职业能力要求出发，以便后续课相“电动小车制作与装配”的学习，以及汽车装调工取证的知识需求为依据确定教学内容。

（2）内容排序　遵循学生认知规律和职业能力培养基本规律，以工作任务从简单到复杂，知识和技能由浅入深渗透到学生的工作过程中为依据，合理序化教学内容，安排学习项目，培养学生的职业素养和职业能力。

（3）教学结构表　教学结构表内容见表5-12～表5-16。

表5-12　任务1——车模零件折弯加工（6学时）

学习内容	（1）折弯加工挡泥板连接片(fender anchorage) （2）折弯加工车斗(dumper) （3）折弯加工发动机舱盖(handling bonnet)
学习标准	（1）能编制折弯零件的加工工艺 （2）能完成车模零件的折弯加工 （3）能对车模零件折弯加工质量进行评价
学习建议	（1）在做折弯加工零件工艺卡时，认真阅读图样，与老师和同学积极沟通，要考虑安全、零件的加工质量等因素 （2）在进行零件的折弯加工时，至少要两名同学合作完成，并注意安全和文明生产
评价建议	（1）学生自评车模零件折弯加工质量 （2）检查学生工作日志，根据学生关于本项目理论知识的掌握情况进行评价
教学建议	（1）采用小组工作法获取新知识和新技术 （2）车模零件折弯加工在折弯实训室完成，一个小组一台折弯机，其他学生安排别的金属加工任务

表5-13　任务2——车模零件冲压加工(12学时)

学习内容	（1）冲压加工驾驶室侧门(handling sides) （2）冲压加工驾驶室底板(bottom plate handling) （3）冲压加工驾驶室背板(handling roof/backside)
学习标准	（1）能编制冲压零件的加工工艺 （2）能完成车模零件的冲压加工 （3）能对车模零件冲压加工质量进行评价
学习建议	（1）在做冲压加工零件工艺卡时，认真阅读图样，与老师和同学积极沟通，要考虑安全、零件的加工质量等因素 （2）在进行零件的冲压加工时，至少要两名同学合作完成，并注意安全和文明生产
评价建议	（1）学生自评车模零件冲压加工质量 （2）检查学生工作日志，根据学生关于本项目理论知识的掌握情况进行评价
教学建议	（1）采用小组工作法获取新知识和新技术 （2）车模零件冲压加工在冲压实训室完成，一个小组一台冲压机，其他学生安排别的金属加工任务

表5-14　任务3——车模零件焊接加工(24学时)

学习内容	（1）焊工入门指导 （2）焊接加工前保险杠 （3）焊接加工车斗 （4）焊接加工驾驶室(drivers cap) (5)焊接加工质量评价

（续）

学习标准	（1）能编制焊接零件的加工工艺 （2）能完成车模零件的焊接加工 （3）能完成车模零件焊接加工质量评价
学习建议	（1）在做焊接加工零件工艺卡时，认真阅读图样，与老师和同学积极沟通，要考虑安全、零件的加工质量等因素 （2）在进行零件的焊接加工时，至少要两名同学合作完成，并注意安全和文明生产
评价建议	（1）从学生参与任务完成的态度、海报等展品完成的质量、语言表达等方面进行评价 （2）学生自评焊接零件加工质量 （3）指导教师评价焊接零件加工质量 （4）检查学生工作日志，根据学生关于本项目理论知识的掌握情况进行评价
教学建议	（1）采用小组工作法获取新知识和新技术 （2）零件焊接加工在焊接实训室完成，分小组进行，每个小组一台焊机，其他学生安排别的金属加工任务 （3）零件焊接加工质量评价表在焊接前发给学生

表 5-15　任务 4——车模零件装配（48 学时）

学习内容	（1）装配发动机组件 （2）装配变速器组件 （3）前桥（borehole drive front）装配 （4）后桥（borehole drive rear）装配 （5）底盘装配 （6）整车装配及调试
学习标准	（1）能编制车模的装配工艺 （2）能完成车模的装配 （3）能完成车模装配质量评价
学习建议	（1）在做编制车模的装配工艺卡时，认真阅读图样，与老师和同学积极沟通，要考虑安全、装配质量等因素 （2）在进行车模装配时，至少要两名同学合作完成，并注意安全和文明生产
评价建议	（1）学生自评车模装配质量 （2）指导教师评价车模装配质量 （3）检查学生工作日志，根据学生关于本项目理论知识的掌握情况进行评价
教学建议	（1）采用小组工作法获取新知识和新技术 （2）车模装配在钳工实训室完成，每个学生一个钳工工作台 （3）车模装配质量评价表在装配前发给学生

表 5-16　任务 5——车模喷漆加工（6 学时）

学习内容	（1）喷漆加工车斗 （2）喷漆加工驾驶室

（续）

学习标准	（1）能编制喷漆加工工艺 （2）能完成车模的喷漆加工 （3）能对车模喷漆质量进行评价
学习建议	（1）在做喷漆工艺卡时，认真阅读图样，与老师和同学积极沟通，要考虑环保、喷漆质量等因素 （2）在进行车模喷漆时，至少要两名同学合作完成，并注意环保和文明生产
评价建议	（1）学生自评车模喷漆质量 （2）检查学生工作日志，根据学生关于本项目理论知识的掌握情况进行评价
教学建议	在喷漆房进行车模的喷漆加工，并对学生加强环境保护方面的教育

5. 方法与手段

（1）教学方法　本课相采用“工学融合”的教学模式，即做中学、学中做，做学融合，把学习过程融入工作过程中。在教学过程中，以学生为中心，教师只起组织、指导、帮助的作用，教师少讲、学生多讲，采用海报等展示法、卡片法、头脑风暴法、任务驱动法等多种教学方法，培养学生自主学习的能力。采用小组（4～6 名学生）工作形式，即通过以小组的形式共同完成一个任务，培养学生的沟通能力、团队合作能力、解决实际问题的能力等软技能。遵循行动导向的教学原则，保证每个学生都有实际的工作任务，提高教学效率。

（2）教学手段　教师在进行实操部分内容教学时，要求在实训室现场教学。教师在进行理论部分内容教学时，要求尽量使用多媒体教学设备，播放教学视频、课件，采用实物、模型等直观教具，利用网络教学等教学手段，激发学生的学习兴趣，提高教学质量和效率。

6. 实践条件

（1）钳工实训室　钳工实训室如图 5-1 所示，每个学生一个钳工工作台、一个台虎钳、一套钳工工具和量具等；另外还有六台钻床、两个平板、两个方箱、四个 V 形铁等。

（2）钣金加工实训室　钣金加工实训室包括德国产手动压力机一台、德国产手动折弯机一台、国产中型手动折弯机一台、小型手动剪板机两台。

（3）焊接实训室　焊接实训室包括 CO_2 保护焊电焊机一套、氩弧焊电焊机一套、电动角磨机两台。

以上实训室的设备操作规范、工具等的摆放、实训室的管理等与企业（北京奔驰汽车有限公司）实际工作环境相同。

7. 评价方法

本课相坚持理论与实践并重的原则，在评价上应采用理论考核和实践考核相结合的方法，注重过程性考核与结果性考核相结合，具体内容及分值见表 5-17。

表 5-17　考核分值表

序号	评价项目	评价内容和方法	分值
1	作业和工作日志	作业是指课相中制图、材料、公差等相关内容的课堂和课后作业，由教师评定 工作日志是学生课后对当天完成工作和学习任务的情况总结，由教师评定	10
2	软技能	从工作方法、主观能动性、沟通能力、合作能力、解决问题能力、责任感六个方面进行评价，主要通过小组（4～6 名学生）共同完成一项工作任务（海报、工作计划等）的方式，由教师与组内学生共同评定	10

（续）

序号	评价项目	评价内容和方法	分值
3	实践操作能力	包括车模零件折弯、车模零件冲压、车模零件焊接、车模零件装配、车模喷漆 采用质量评价表形式，由学生和教师共同评定	40
4	理论知识	考核该课相包含的主要理论知识要点，检验理论知识的教学目标完成情况；学期末采用试卷形式，学生闭卷考试，由教师评定	40

8. 教学资源

（1）教材

1）范军．金工实习．北京：中国劳动社会保障出版社，2006，ISBN978-7-5045-5711-7。

2）梁东旭．机械制图．北京：中国劳动社会保障出版社，2006，ISBN978-7-5045-5746-9。

3）梁东旭．机械制图习题册．北京：中国劳动社会保障出版社，2006，ISBN978-7-5045-4544-9。

4）华东升．机械制造基础．北京：中国劳动社会保障出版社，2006，ISBN978-7-5045-2601-4。

以上教材都是国家级职业教育规划教材，教师在教学过程中可根据学习任务的需要，从中选择教学内容。同时以上教材的内容只能满足教学的部分需要，需要教师在教学过程中根据学生的接受能力进行补充。

（2）学材　奔驰“乌尼莫克（Unimog）”车模图样及零件加工质量评价表（德国奔驰公司，2006 年）。

（3）教学多媒体

1）多媒体投影仪。播放课件、教学视频，实物投影等。

2）教学视频。学生能直观地了解机床、刀具、夹具等设备及工具的选择和使用，直观地学习设备操作技术。

3）课件（PPT）。学生可以直观、高效地学习金属加工技术知识。

4）计算机网络。收集和查询所需要的知识信息，开放网络课相综合平台，培养学生自主学习的能力。

5.1.4　自动送料站搭建与调试 1

1. 课相定位

“自动送料站搭建与调试 1”是职业 4 级的支撑课相，具有很强的实用性和实践性。课相安排在职业 4 级第一学年第一学期。教学以自动送料站的电路、电路元件和电路图识读为主，为后续课相打下基础，强调和突出动手能力，注重培养操作习惯和能力。教学实施分成五个子任务进行，整个任务贯穿电工常识、电路基本知识、电工工具、仪器仪表的使用、电子元件的选用、电路识读、电路分析、电路制作、电子元件的安装与调试等知识要素。

通过本课相的学习，学生能获得自动送料站电工电子技术方面的基本理论知识及其在工程技术领域中应用的基本方法和技能，并为学习有关专业课提供必要的理论及实践基础。

2. 课相目标

本课相重在培养学生认识电路、分析电路和使用电工电子测量仪器仪表的能力，通过课相实践环节，形成一定的规范操作和相应的动手能力。

3. 教学起点

学习本课相前，学生已经学习了高中数学，具备了一定的数学计算能力和逻辑判断能力。本课相以中学的物理学为基础，重点在电学和电学应用上进行深入讲解和实操训练。

4. 内容与要求

（1）教学内容　本课相根据职业 4 级人才培养目标的要求，围绕自动送料站电器中的主要内容，并结合工厂实用的电器情况及维修电工和低压电工取证要求，选择相应知识和技能编排了本课相的内容。

（2）内容排序　遵循学生认知规律和职业能力培养基本规律，以工作任务从简单到复杂，知识和技能由浅入深渗透到学生的工作过程中为依据，合理序化教学内容，安排学习任务，培养学生的职业素养和职业能力。

（3）教学结构表　教学结构表内容见表 5-18 ~ 表 5-22。

表 5-18　任务 1——自动送料站信号灯控制（18 学时）

学习内容	（1）信号灯电路的组成 （2）信号灯电路参数的计算 （3）信号灯电路的状态分析 （4）信号灯电路的设计
学习标准	（1）能分析电路的组成 （2）能把实际电路用电路模型表示 （3）能进行电路的连接 （4）会辨识电路的三种状态
学习建议	（1）学习时必须循序渐进，打好每一步基础 （2）掌握基本定理和定律有助于分析和计算 （3）课相进行时把电路模型和生活中的实际电路进行迁移以利于理解 （4）实操部分多练习，注意用电安全
评价建议	（1）根据对任务的理解情况评价学生的掌握程度 （2）根据实操情况检验安全用电习惯 （3）测量仪表的正确使用
教学建议	（1）以自动送料站信号灯控制为载体进行教学设计和扩展 （2）必要内容在实验室进行，有利于理论与实践的结合 （3）该部分内容的考核以笔试为主

表 5-19　任务 2——自动送料站交流供电（14 学时）

学习内容	（1）自动送料站交流电路的认识 （2）自动送料站交流电路的连接 （3）自动送料站交流电路的设计

（续）

学习标准	(1) 会表示单相正弦交流电 (2) 能理解交流电路的特点 (3) 能正确区分和比较单向交流电路和直流电路 (4) 会计算交流电路的参数
学习建议	(1) 学习时必须循序渐进 (2) 掌握单一元件的电路特点 (3) 能区别直流电和交流电 (4) 学习交流电测量仪表的使用 (5) 实践时注意用电安全
评价建议	(1) 根据对任务的理解情况评价学生的掌握程度 (2) 根据实操情况检验安全用电习惯 (3) 测量仪表的正确使用
教学建议	(1) 教师必须注重每时段的教学效果，否则后面的内容无法顺利进行 (2) 必须使学生能区别交流电和直流电以及交流电路中的元件和直流电路中的元件 (3) 实操时必须注意用电安全，尽量在安全电压下进行实操练习 (4) 注重教学效果的评价

表 5-20 任务 3——自动送料站传送带控制（14 学时）

学习内容	(1) 自动送料站电动机的相关内容 (2) 自动送料站变压器的相关内容 (3) 自动送料站电动机的功率和电动机选型 (4) 自动送料站传送带控制
学习标准	(1) 会分析自动送料站电动机的工作原理 (2) 了解自动送料站变压器的工作原理及用途 (3) 会合理选用电动机 (4) 会搭建和调试自动送料站传送带控制电路 (5) 正确调试和成果展示
学习建议	(1) 理解自动送料站电动机的工作原理 (2) 理解自动送料站变压器的工作原理及用途 (3) 能合理选用电动机 (4) 记住直流电动机的原理模型 (5) 努力理解电动机拆装结构视频 (6) 认真听讲、勤于实践 (7) 面对困难勇于挑战
评价建议	(1) 自动送料站电动机控制回路搭建的熟练程度和正确性 (2) 合作意识和责任意识 (3) 安全、规范操作习惯 (4) 作业的独立完成情况 (5) 阶段测验
教学建议	(1) 相关原理的视频 (2) 抽象的概念简单化 (3) 特性分析为了突出应用，最好以实例加以佐证

表5-21　任务4——自动送料站配线(26学时)

学习内容	(1) 自动送料站电器 (2) 自动送料站继电器的控制 (3) 硬线导线的加工与制作 (4) 电气原理图识读 (5) 自动送料站电动机控制配电盘的制作
学习标准	(1) 会使用和拆装常见电器 (2) 会分析继电器和接触器的典型控制系统原理图 (3) 熟练进行导线加工 (4) 能正确进行继电器和接触器配盘，并接通运行电动机 (5) 能正确绘制电气原理图并准确识读
学习建议	(1) 通过电器拆装加深对电气原理的理解 (2) 记住电气图形符号及其含义 (3) 读懂电气原理图，分清主电路和控制电路 (4) 勤于动手、不怕吃苦，锻炼技能
评价建议	(1) 根据电器拆装的速度和恢复情况 (2) 根据电气原理图的识读情况 (3) 根据导线加工情况 (4) 根据配盘的简洁和美观程度 (5) 根据使用工具的熟练程度 (6) 根据操作的规范程度
教学建议	(1) 教师在必要的环节进行演示，如导线加工和配盘环节 (2) 讲解工具的结构和正确使用方法及注意事项 (3) 强调规范操作、杜绝随意使用工具 (4) 每次重要实操都给出评价

表5-22　任务5——自动送料站I/O组件(24学时)

学习内容	(1) 对二极管特性的认识 (2) 自动送料站I/O显示 (3) 自动送料站交流输入信号的传输 (4) 自动送料站输入信号的调试 (5) 自动送料站直流电源的制作
学习标准	(1) 会测量二极管的极性和好坏 (2) 会正确使用测量仪表 (3) 能搭建和调试自动送料站直流电源 (4) 会选择二极管的型号 (5) 能正确分析稳压电源的工作原理 (6) 会测试晶体管的极性，理解晶体管的放大作用 (7) 能评价电子元器件的焊接质量

（续）

学习建议	（1）能根据需要正确选择二极管并进行电路配置 （2）掌握各种二极管的符号是学习的基本要求 （3）区别二极管和晶体管在结构和作用上的不同是理解两个元件特性不同的重点
评价建议	（1）作业完成情况 （2）电路搭建和测试符合程度 （3）自制电路的设计思路和效果 （4）使用工具情况 （5）电路焊接质量
教学建议	（1）半导体材料的特性一定和线性元件进行区分 （2）每种半导体器件最好进行实际的电路效果验证 （3）注意电气元件的功率，避免出现严重过载现象 （4）注意用电安全

5. 方法与手段

（1）教学方法　在教学实施过程中建议采用多媒体教学法、任务驱动法等教学方法；把汽车电器中的有关电工和电子技术方面的知识和技能融入日常教学中，内容选择既突出实用又考虑到将来电工考证方面的需要，根据汽车电路这个载体提出任务，以完成任务为课相目标，驱动教学过程。在实践中学会分析问题和解决问题。

（2）教学手段　除了课堂上的板书、讲解、教师示范等教学手段外，本课相还应采用多媒体教学课件、动画、视频演示等现代化教学手段，结合工厂实践和用电常识，激发学生的学习兴趣、拓展学习方法，使学生可以有更多的途径来获取知识和技能。

6. 实践条件

（1）电工实验室　电路及元件测试和继电器、接触器、控制器、软线连接与测试。

（2）电路装配实验室　电路焊装和配盘。

（3）设备　配套的测量仪表、工具和焊装工具及相应耗材。

7. 评价方法

本课相考核评价原则是将过程考核融入教学评价中。在评价过程中注重学生实际能力的提高，注重学生彼此沟通和团队协作，注重实践经验积累。教学评价由操作评价（40%）、平时成绩（20%）、理论测评（40%）三部分构成，满分为100分，60分为及格。

8. 教学资源

（1）教材

1）校本讲义：《自动送料站搭建与调试1》。

2）于建华. 电工电子技术基础. 北京：人民邮电出版社。

3）秦增煌. 电工学. 北京：高等教育出版社，1990，ISBN 7-04-003141-8。

（2）学材　辛长平. 电工实用技术问答. 北京：电子工业出版社，2005，ISBN 7-5053-9832-6。

（3）教学多媒体

1）多媒体投影仪。播放课件、教学视频，实物投影等。

2）教学动画。用电安全常识。

3）教学视频。元器件测量、电动机装配等。

5.1.5　自动送料站搭建与调试 2

1. 课相定位

“自动送料站搭建与调试 2”是职业 4 级的支撑课相，本课相充分参考了企业管理人员对职业学校学生在社会能力和发展能力方面的培养建议，听取了企业技术专家在专业知识和操作技能方面的要求和建议，以满足对口企业岗位需求为目的。

“自动送料站搭建与调试 2”课相安排在职业 4 级第一学年第二学期。在内容设置上，本课相结合专业特色和知识、能力目标，结合学院先进的实训和实验环境，利用体系完整的气动、液压、PLC 和自动送料站等设施，把理论知识和应用实践结合起来。把自动送料站的元件和系统的原理及构成、安装调试、故障排除等融入项目中以锻炼学生的操作和应用能力；通过仿真软件的软系统提高学生的计算机和软件操作能力；使学生具备机电一体化设备控制系统的硬件安装、软件编程、在线监控与调试的能力，为将来从事自动化生产线和设备维护工作打下一定的基础。同时本课相注重培养学生规范操作、认真负责的工作态度和严于现场管理的习惯，内化 5S 理念，以培养企业现场零距离需求的适应现代化制造业知识和能力需求的职业学生。

2. 课相目标

本课相以满足现代化制造业生产现场对员工的职业需求为目的，通过对自动送料站的教学达到机电设备硬件安装与调试、软系统仿真与设计、常见故障诊断与排除的技能目标；以安全规范操作，严肃项目考核达到职业素质目标。通过本课相的学习学生应达到中级机电设备装调工的水平。

3. 教学起点

学生已经学习了“自动送料站搭建与调试 1”，具备了相关的知识和能力。

4. 内容与要求

（1）教学内容　本课相根据职业 4 级人才培养目标的要求，围绕自动送料站电器中的主要内容，共分为 3 个任务。本课相在内容上是承接和递进的方式，从自动送料站气动控制到自动送料站液压模型，再到自动送料站电气控制，学生能把执行器（电动机、液压缸、气缸）、控制器（继电器和 PLC）、其他电气设备（开关和保护电器）有机地结合起来，对机电一体化设备从单一元件到整体构成及其控制有了深刻的理解。

（2）内容排序　遵循学生认知规律和职业能力培养基本规律，以工作任务从简单到复杂，知识和技能由浅入深渗透到学生的工作过程中为依据，合理序化教学内容，安排学习任务，培养学生的职业素养和职业能力。

（3）教学结构表　教学结构表内容见表 5-23 ~ 表 5-25。

表 5-23　任务 1——自动送料站气动控制（48 学时）

学习内容	（1）自动送料站的气源 （2）自动送料站气压传动系统的构成和各部分的作用 （3）气动回路搭建与仿真 （4）自动送料站气动控制系统的设计与实现

（续）

学习标准	(1) 能分析自动送料站气动系统的基本工作原理、结构组成等 (2) 能正确使用和调试自动送料站 (3) 熟练建立自动送料站的气动仿真 (4) 能分析自动送料站的典型故障
学习建议	(1) 理解和比较自动送料站系统的构成 (2) 会调节气动系统压力 (3) 能调节自动送料站执行器的运行速度 (4) 能根据图形符号选择元件 (5) 能通过阀岛手动操作执行元件 (6) 能进行自动送料站的日常维护
评价建议	(1) 自动送料站系统的搭建与调节 (2) 操作现场整洁度 (3) 气动符号的识别与绘制 (4) 自动送料站的仿真设计与实践 (5) 自动送料站故障排除
教学建议	(1) 重点讲解气压传动工作介质的特点和系统维护 (2) 讲解回路搭建的注意事项和技巧 (3) 可采取先仿真后实操的方式 (4) 可适当设置故障，锻炼故障排查能力 (5) 以小组讨论的方式分解和分析系统功能

表 5-24　任务 2——自动送料站液压模型（32 学时）

学习内容	(1) 自动送料站液压源 (2) 自动送料站液压执行器的控制 (3) 自动送料站液压模型的建立
学习标准	(1) 会分析自动送料站液压系统的组成和各部分的作用 (2) 能判断自动送料站液压系统的故障及维护 (3) 正确选用与安装液压元件及调试自动送料站液压系统 (4) 熟练建立自动送料站液压仿真模型
学习建议	(1) 会区别液压传动和其他传动方式的不同 (2) 重点学习自动送料站的液压系统元件 (3) 仔细观看液压元件和电气元件结构动画短片，牢记元件功能、结构和图形符号 (4) 不怕脏累，勇于动手实践 (5) 多分析复杂回路，加强对液压系统的理解
评价建议	(1) 能记住液压传动系统的优点和缺点 (2) 能分析液压系统在自动送料站液压模型中的作用 (3) 液压回路功能分析、仿真及实物的选用与安装 (4) 操作现场整洁度 (5) 绘制美观的液压系统图

（续）

教学建议	（1）重点介绍液压系统工作介质的特点和系统维护 （2）重点介绍设备的维护和选用 （3）认真观看视频短片，总结液压传动的应用场合 （4）通过图片、动画、拼图等形式强化液压元件图形符号 （5）讲述复杂原理图的识读技巧 （6）注重实操，锻炼动手能力

表 5-25 任务 3——自动送料站电气控制（48 学时）

学习内容	（1）自动送料站控制器的硬件构成 （2）自动送料站控制器的软件应用 （3）自动送料站从单执行器到多执行器的控制 （4）自动送料站仿真控制
学习标准	（1）能正确区分自动送料站的硬件构成 （2）能正确测试和调整自动送料站硬件系统 （3）能用 STEP7 软件实现自动送料站从单执行器到多执行器的控制 （4）能对软硬件故障进行分析和处理
学习建议	（1）建立自动送料站的硬件和软件之间的关系 （2）记忆控制器的软、硬件地址分配 （3）熟练掌握工程项目的建立过程 （4）按照教师安排的进度进行反复变换练习 （5）重点掌握 PLC 的编程方法
评价建议	（1）根据软件操作情况进行评价 （2）根据硬件连接情况进行评价 （3）通过小测验检验理论知识的掌握程度 （4）根据故障诊断与排除情况进行评价
教学建议	（1）结合自动送料站介绍 PLC 控制系统的硬件构成及软件编程 （2）培养编程技能 （3）通过设置故障，培养学生分析软硬件故障的能力 （4）增加生活中的实例，培养学生的学习兴趣

5. 方法与手段

（1）教学方法　在教学实施过程中建议采用多媒体教学法、网络教学法、任务驱动法等教学方法，并把液压、气动、PLC 控制系统中的典型元件以项目应用的方式提炼出来，即把知识点、技能点和案例融入课堂教学中，突出知识的实用性。

（2）教学手段　除了课堂上的板书讲解等教学手段外，本课相还应采用实物、多媒体教学课件、动画、视频演示等现代化教学手段，结合实训室先进的 FESTO 液压和气动设备，企业级的 PLC 控制器进行实践装调，充分利用仿真和调试元件提高设计的自查性，通过小组分工合作的方式促进学生学习的积极性。

整体课相采用理实一体化教学模式，边讲边练、讲练结合；以教师和学生分时为主体的方式，采用项目法进行教学。

6. 实践条件

（1）气动实训室　配备计算机、投影仪、音响、摄像头等常用多媒体设备、Fluid—气动仿真软件及相应的实训台和实训工具。

（2）液压实训室　配备计算机、投影仪、音响、摄像头等常用多媒体设备、Fluid—液压仿真软件及相应的实训台和实训工具。

（3）PLC 实训室　配备计算机、投影仪、音响、摄像头等常用多媒体设备及相应的实训台和实训工具。

7. 评价方法

本课相考核评价原则是将过程考核融入教学评价中。在评价过程中注重学生实际能力的提高，注重学生彼此沟通和团队协作，注重实践经验积累。教学评价由操作评价（40%）、平时成绩（20%）、理论测评（40%）三部分构成，满分为 100 分，60 分为及格。

8. 教学资源

（1）教材

1）校本讲义：《自动送料站搭建与调试 2》。

2）曹建东，龚肖新．液压传动与气压技术．北京：北京大学出版社，2008。

3）章宏甲．液压传动与气动技术．北京：机械工业出版社，2000。

4）现代实用气动技术（SMC 中国有限公司，2008）。

5）王京．设备控制技术．校本讲义，2006。

6）胡建．西门子 S7-300/400PLC 工程应用．北京：北京航空航天大学出版社，2006。

（2）教学多媒体　实物演示、系统搭建、计算机仿真、图片、教学短片等。

5. 1. 6　自动送料站搭建与调试 3

1. 课相定位

“自动送料站搭建与调试 3”是职业 4 级的支撑课相，安排在职业 4 级第二学年第一学期。将汽车生产线上涉及的气动技术、可编程序控制器技术、现场总线技术、传感器技术、机械控制技术等内容融为一体，最终形成解决汽车装配线的控制技术。通过学习，学生将获得生产线上气压、PLC、传感器等综合知识，并能熟练运用，能排除生产线上的简单故障。本课相涉及的控制技术能对从事汽车生产线操作和维护工作的一线技术人员进行生产设备的正确使用、设备故障诊断与处理、生产设备的技术革新起到重要的指导作用。

2. 课相目标

通过本课相的学习，学生应了解汽车生产线日常维护的工作内容，掌握常见故障的排除方法以及常用维修工具和仪器、仪表的正确使用方法，培养学生综合运用知识解决问题的能力和交流协作能力，严谨、规范的工作习惯，安全生产、成本控制、协调合作的意识，使学生具备职业素质和职业能力。

3. 教学起点

本课相的前导课相为“自动送料站搭建与调试 1”“自动送料站搭建与调试 2”等专业基础课相与专业核心课相，通过这些课相的学习，学生已具备相应的知识和能力。

4. 内容与要求

（1）教学内容　本课相根据职业 4 级人才培养目标的要求，围绕阀岛技术、自动送料站的装调与测绘、编程与调试和故障排除等的相关要求，选择相应的知识和技能编排了本课相的内容。

（2）内容排序　遵循学生认知规律和职业能力培养基本规律，以工作任务从简单到复杂，知识和技能由浅入深渗透到学生的工作过程中为依据，合理序化教学内容，安排学习任务，培养学生的职业素养和职业能力。

（3）教学结构表　教学结构表内容见表5-26～表5-29。

表5-26　任务1——阀岛技术与控制（10学时）

学习内容	（1）现场总线技术 （2）阀岛技术 （3）PLC与阀岛的系统连接 （4）系统测试 （5）阀岛的应用
学习标准	（1）了解现场总线技术现状 （2）了解阀岛技术现状 （3）能进行PLC与阀岛的系统连接，能完成系统测试 （4）能灵活运用阀岛
学习建议	（1）学习有关现场总线的知识和应用 （2）实际操作阀岛与PLC的连接和设置 （3）设置不同地址进行组态练习
评价建议	（1）现场总线技术的优点 （2）阀岛总线协议及地址计算和设置 （3）阀岛与PLC的连接和资源引用 （4）评价形式为答辩与实操考试
教学建议	（1）讲述现场总线技术 （2）讲述气动阀岛技术 （3）边讲边练现场总线阀岛的组态

表5-27　任务2——自动送料站硬件部分装调与测绘（40学时）

学习内容	（1）自动送料站机械零件的结构和工作原理 （2）自动送料站机械部分的装调 （3）自动送料站气路图的测绘 （4）自动送料站气路的装调 （5）自动送料站电气元件的结构和工作原理 （6）自动送料站电气图的测绘 （7）自动送料站电气的装调
学习标准	（1）了解自动送料站的动作流程 （2）能根据图样对自动送料站的机械部分进行装调 （3）能测绘自动送料站的气路工作原理图 （4）能根据气路工作原理图装调自动送料站气路部分 （5）了解常用电气元件的结构和工作原理 （6）能对自动送料站电气图进行测绘 （7）能根据电气图装调自动送料站电气部分

（续）

学习建议	（1）学习自动送料站主要机械零件的结构和工作原理 （2）学习常用工具的使用方法和规范 （3）学习气路图的测绘 （4）学习气路调试 （5）学习电气图的测绘 （6）学习电气元件及常见传感器的工作原理和调试
评价建议	（1）自动送料站的动作流程 （2）自动送料站的机械部分装调 （3）自动送料站的气路工作原理图及装调 （4）自动送料站电气图测绘及自动送料站电气部分的装调 （5）评价形式：答辩、实操考试、绘制气路原理图和电气图
教学建议	（1）讲述自动送料站主要机械零件的结构和工作原理 （2）讲述常用工具的使用方法和规范 （3）讲述设备气路图的测绘方法 （4）讲述设备气路调试 （5）讲述设备电气图的测绘方法 （6）讲述设备电气元件及常见传感器的工作原理和调试方法

表 5-28　任务 3——自动送料站编程与调试（20 学时）

学习内容	（1）自动送料站 I/O 分配及变量表的编写 （2）自动送料站的复位程序设计 （3）自动送料站的运行程序控制 （4）自动送料站程序的完善
学习标准	（1）能熟练使用 STEP7 编程环境 （2）能用常见的 PLC 编程方法编程 （3）能叙述自动送料站的组成及作用 （4）能编写自动送料站的 PLC 控制程序
学习建议	（1）学习 STEP7 编程环境 （2）学习基本的编程方法 （3）根据图样了解自动送料站的硬件资源 （4）学习在线测试自动送料站的硬件资源 （5）学习自动送料站控制程序结构，包括起动、停止、复位，并学习编写控制程序的方法
评价建议	（1）STEP7 编程软件的操作 （2）根据图样了解自动送料站的硬件资源，进行在线测试和变量表的创建 （3）编写自动送料站控制程序结构，包括起动、停止、复位，并学习编写控制程序的方法 （4）评价形式：实操考试、编写自动送料站的 PLC 控制程序并答辩
教学建议	（1）上课地点：FESTO 小型自动化实训室 （2）学生先熟悉 STEP7 编程环境 （3）讲述基本的编程方法 （4）给学生自动送料站的硬件资源图，让学生自己完成 PLC 变量表的编写 （5）介绍在线测试自动送料站的硬件资源方法，根据硬件图在线测试硬件资源

表 5-29　任务 4——自动送料站故障分析与排除(20 学时)

学习内容	(1) 自动送料站故障检测 (2) 自动送料站故障排除 (3) 自动送料站的日常维护和操作
学习标准	(1) 能对自动送料站进行故障检测与排除 (2) 能分析自动送料站的常见故障原因 (3) 能做好自动送料站的日常维护，能按照操作规程操作设备
学习建议	(1) 学习自动送料站的故障检测方法 (2) 学习自动送料站的故障排除方法 (3) 学习自动送料站的日常维护和操作方法
评价建议	(1) 自动送料站的故障检测 (2) 自动送料站的故障排除 (3) 自动送料站的日常维护和操作 (4) 评价形式：实操考试。自动送料站的故障检测与故障排除
教学建议	(1) 分析自动送料站故障原因和故障现象 (2) 介绍故障分析过程和故障处理办法 (3) 设置故障，让学生排除 (4) 让学生讲述故障原因和排除故障方法

5. 方法与手段

(1) 教学方法　本课相主要培养学生解决实际维修问题的能力，建议采用理实一体化的教学模式，在教学过程中采用任务驱动、项目教学法等"以工作过程为导向"的教学方法，运用多媒体、模型、实物展示等手段，以个人自主学习、小组讨论、角色扮演等多种方式调动学生的学习积极性。通过独立完成项目作业的方式培养学生的独立思考能力、创新能力和解决实际问题的能力。

(2) 教学手段　在教学实施中，教学场所应设置理论教学区和实操教学区，最好在理论教学区中还能设置学习讨论区，配备课相中各学习任务所需的挂图、维修手册、维修资料、维修数据计算机查询系统等。强调小组成员之间的协调工作。教师在讲授或演示教学中，尽量使用多媒体教学设备，配备丰富的课件、解剖总成或零部件等教学辅助设备。教学中还要通过多种方法强化工具、设备使用、部件拆卸等常见的基本维修工作内容，以加强基本操作的规范性。

6. 实践条件

自动送料站搭建与调试实训室设备配置见表 5-30。

7. 评价方法

本课相考核评价原则是将过程考核融入教学评价中。在评价过程中注重学生实际能力的提高，注重学生彼此沟通和团队协作，注重实践经验积累。教学评价由操作评价（40%）、平时成绩（20%）、理论测评（40%）三部分构成，满分为 100 分，60 分为及格。

8. 教学资源

(1) 教材

表 5-30　设备配置表

序号	设备名称	单位	数量	序号	设备名称	单位	数量
1	汽车总装线	套	1	6	常用工具	套	10
2	TOP-1 液压实训台	套	8	7	数字万用表	个	10
3	TOP-5 气动实训台	套	10	8	计算机	套	10
4	FESTO 小型自动线	套	10	9	PLC 编程电缆	套	10
5	MPS500 生产线	套	1				

1）校本讲义：《自动送料站搭建与调试 3》。

2）刘建昌. S7-300/400 PLC 工业网络通信技术指南. 北京：机械工业出版社.

（2）学材　西门子讲义。

（3）教学媒体

1）FESTO FluidSIM-H 软件。

2）FESTO FluidSIM-P 软件。

3）工业视频录像。

5.1.7　电动小车制作与装配 1

1. 课相定位

“电动小车制造与装配 1”是职业 4 级的核心课相，安排在职业 4 级第二学年第一学期。本课相以机加工的电动小车为载体，负责机加工小车的电力驱动和控制部分，是“电动小车制造与装配”系统课相的前导课相。本课相理论知识与技能实践并重，以电路通信、编程控制、接口原理和电路制作为核心内容。

本课相把单片机接口和编程技术、无线发射和接收模块技术、信号处理和电动机驱动控制等相关知识和技能有机地结合起来，实现通过对将要加工制作的电动小车模型的控制。

2. 课相目标

“电动小车制造与装配 1”课相的主要任务是使学生具备常见无线通信的处理和分析能力，对小信号的处理和放大驱动能力，会使用电子测量和制作工具，具备单片机系统接口技术和编程能力，电动机驱动与小型机电产品的设计与调试能力。本课相重在学习科学探究方法，发展自主学习能力，养成良好的思维习惯和职业规范。

3. 教学起点

本课相面向的是职业 4 级的学生，学生入学基础为高中或职业学校的优秀毕业生。这部分学生具有一定的自学能力和自我约束能力，对本专业有浓厚的兴趣。在学习本课相之前学生已经系统学习过“自动送料站搭建与调试 1”“自动送料站搭建与调试 2”等课相，学生已具备相应电工、电子、继电器与电动机控制、机械基础相关知识以及机械制图和钳工操作等技能。对电路有系统的理解，能看懂简单的机械和电气图样。

此外，本课相是理实一体化课相，实操要求学生具备很强的责任心和认真的态度，以及不怕失败、勇于实践的学习态度。

4. 内容与要求

（1）教学内容　本课相是听取了汽车制造企业的专家和管理人员的建议，根据职业 4

级的人才培养目标的要求，考虑从事汽车制造与生产线和设备管理与维护人员的操作、调试和维修等岗位的职业能力需求，选取以电路制造与调试、通信及其处理、单片机控制技术在电动小车模型上的应用等职业技能的训练。本课相从遥控控制、信号的发射与接收、小信号处理、单片机接口与编程和小车驱动等方面着手，实现对电动小车模型的控制。本课相为职业 4 级学生在电信号的分析与处理以及机电调控的锻炼提供坚实的平台。

（2）内容排序　遵循学生的认知规律，结合职业能力发展需求以及知识点前后衔接等方面因素，以遥控信号的产生、发射、接收、处理、驱动为主线，融入贯穿电子通信知识和技能；从认识单片机应用的产品，到单片机硬件结构的分析，再到应用单片机指令系统进行程序设计，最后到单片机系统扩展及接口技术的应用调试；由简单到复杂，理论联系实际，合理序化教学内容，培养学生综合应用知识的能力。

（3）教学结构表　教学结构表内容见表 5-31 ~ 表 5-34。

表 5-31　任务 1——电动小车的遥控信号处理（20 学时）

学习内容	（1）遥控发射模块功能与信号处理 （2）遥控接收模块功能与信号处理 （3）遥控模块的信号处理与测试
学习标准	（1）会建立遥控发射和接收模块的同步关系 （2）会分析遥控发射模块的结构和原理 （3）会分析遥控接收模块的结构和原理 （4）会使用电器测量仪器进行遥控信号的测试 （5）能搭建信号模块
学习建议	（1）认真练习面包板的电路搭建与调试 （2）勤动手、多实践 （3）理解无线通信原理
评价建议	（1）正确使用测量仪器仪表 （2）面包板信号系统的搭建与调试程度 （3）安全用电，规范操作 （4）独立与协作情况
教学建议	（1）列举无线通信的应用 （2）引入教学视频 （3）明确无线模块的面包板调试步骤

表 5-32　任务 2——电动小车的驱动控制(20 学时)

学习内容	（1）舵机的作用与控制 （2）电动机控制电路设计与测试 （3）电动小车电源模块 （4）电动小车的电动机驱动与控制 （5）电动小车的驱动调试
学习标准	（1）会正确理解舵机在电动小车中的作用 （2）能设计电动小车的继电器控制电路 （3）能用面包板搭建与调试小车的驱动电路 （4）会建立控制对象与电路元件的关系

（续）

学习建议	（1）建立遥控信号与电动机控制信号之间的关系 （2）制作面包板前检查元器件 （3）理解不同信号的功能
评价建议	（1）能分别搭建舵机和驱动电动机的电路 （2）能进行电动机的转向控制调试 （3）能熟练使用工具
教学建议	（1）先检查面包板的质量 （2）由学生提出驱动电动机的控制思路后共同讨论 （3）根据学生讨论的方案，思考实施的可能性

表 5-33　任务 3——电动小车的程序控制（36 学时）

学习内容	（1）单片机结构及其各部分的功能参数 （2）单片机接口技术在电动小车上的应用 （3）程序编写与电动小车基本功能控制 （4）电动小车的功能设计与实现 （5）电动小车的面包板最终功能实现
学习标准	（1）熟练和正确使用电工工具 （2）能较灵活地使用汇编语言实现电动小车的功能控制 （3）接口使用合理正确 （4）整块面包板能实现电动小车的控制要求
学习建议	（1）端正态度、严肃操作规程 （2）编程以寻址为基础，必须牢固掌握 （3）保存好整块面包板，随时进行信号测试
评价建议	（1）完成程序设计的进展程度 （2）电动小车整块面包板的功能实现情况 （3）测试和调试过程 （4）设计和功能说明
教学建议	（1）教师及时检查操作进展 （2）注意用电安全 （3）监督学生进行元件的测试 （4）连接负载前必须进行功能测试

表 5-34　任务 4——电动小车的装焊与调试（20 学时）

学习内容	（1）焊接工具和配件的使用 （2）焊接方法和各种元器件与导线的焊接 （3）电动小车的原理图绘制 （4）电动小车的电路装焊与调试 （5）电动小车的电路展示与说明

（续）

学习标准	（1）正确测试和装焊电器元件 （2）绘制电气原理图 （3）电动小车的焊接、功能测试与调试 （4）能熟练操作电动小车的控制系统
学习建议	（1）多练习，精实践 （2）先测量每个元件后再进行装焊 （3）根据程序进行调试，也可修改程序 （4）不怕挫折，反复调试
评价建议	（1）安装和焊接质量 （2）控制要求的实现情况 （3）展示与说明过程
教学建议	（1）教师监督每个时段的进展情况和完成质量 （2）鼓励学生并及时发现突出的问题

5. 方法与手段

（1）教学方法　在教学过程中建议采用讲演法、任务驱动法、场景教学法、网络教学法等教学方法；每个学习情境结合企业现场教学法、任务驱动教学法，加强操作训练；把单片机产品的使用调试活动中的典型案例和情境融入日常教学中；以汽车模型的电气驱动为任务，应用其他产品的调试过程作为案例，在实践中学会分析问题、解决问题。

（2）教学手段　针对教学条件及设备的应用实时性，在教学中采用设备仿真，使学生能够在虚拟环境下实现设备调试、仿真。除了课堂上的板书讲解等教学手段外，本课相还应采用多媒体教学课件、网络学习、视频演示等现代化教学手段，以提高学生的学习兴趣、拓展学习方法，使学生可以有更多的途径来获取知识和技能。

6. 实践条件

针对本课相实践性强的特点，前两个任务在电工电子实训室进行，第三个任务在单片机实训室进行，最后一个任务在高级电工实训室进行。电工电子实训室配备常用的电工电子测量仪器仪表和工具；高级电工电子实训室使用带电气防护的实训台，配有橡胶桌垫等实训防护；单片机实训室使用开发式单片机实验箱系统，计算机房使用目前在企业中进行单片机应用开发的所有软件系统，能够进行虚拟仿真教学，达到本课相的需求。采用多媒体课件与板书相结合的课堂教学手段，常规实验与综合性、设计性实验相结合的实验教学手段，利用网络资源进行辅助教学。

7. 评价方法

本课相为考查课，在评价过程中注重学生在每个任务中的学习态度、工作完成情况的考核，形式以自我评价、小组互评、教师评价相结合。

（1）平时成绩　作业成绩、出勤情况。

（2）实训操作　实际操作中项目的完成情况。

（3）期末考试成绩　试卷考试成绩。

（4）综合考核成绩　总成绩 = 平时成绩（30%）+ 实训操作（30%）+ 期末考试成绩（40%）

8. 教学资源

（1）教材

1）校本讲义:《电动小车制作与装配 1》。

2）张建军. 单片机应用基础. 北京：机械工业出版社，2008 年，ISBN 978-7-111-24167-6。

（2）学材　校本讲义:《电动小车制作与装配 1》。

（3）教学多媒体

1）电子课件（PPT）。配合本课相自制教学课件。

2）单片机应用产品的操作维护情况的教学录像片。

3）实操部分在实训室使用开发式单片机实验箱系统，或者在计算机房使用软件系统电路虚拟仿真教学。

5.1.8　电动小车制作与装配 2

1. 课相定位

“电动小车制作与装配 2”是职业 4 级的核心课相，是“电动小车制作与装配 1”的后续课相，安排在职业 4 级第二学年第二学期。本课相具有很强的实用性和实践性，是在工学结合的课相模式下进行开发和实践的，依托典型工作任务的教学模式，将数控加工的相关知识和汽车整车制造工艺相关知识和技能融入产品制造的整个工作过程中。学生动手加工零件、装配产品，亲自经历完整的工作过程，在实际操作过程中，不断地发现问题而去学习，又通过学习来解决问题。整个工作过程下来，学生应该掌握与数控加工相关的基础理论知识和具备相当的实际操作能力。

本课相是面向职业 4 级学生，旨在培养生产、服务、技术和管理第一线工作的具有全面素质和综合职业能力的技术型专门人才。所以在本课相中充分体现自主学习、互助学习的特点，重视学以致用的能力。

2. 课相目标

“电动小车制造与装配 2”主要是以电动小车的制造与装配为载体，讲授汽车零部件的制造工艺、汽车整车的冲压、焊装、涂装和总装的制造工艺；提高学生学习热情，明确学习目的，掌握读图的基本功，掌握数控车、铣加工的基本技能，掌握零件的基本测量方法，掌握对零件的尺寸和精度的控制。通过本课相的学习主要培养学生有关汽车制造工艺方面的知识和技能，使学生能够掌握现代汽车制造中大部分的工艺知识和相关设备的使用能力，具备生产现场的组织管理和质量监控能力。同时可以通过系统的专业基础知识和专业知识的学习具备一定的基础理论，奠定持续发展的基础，使学生在实际工作中能够发现问题、分析问题、解决问题，同时具备团队协作、与他人沟通交流的能力和工作责任感。为日后在汽车整车厂相关岗位工作打下基础。

3. 教学起点

本课相面向的是职业 4 级的学生，学生入学基础为高中或职业学校的优秀毕业生。这部分学生具有一定的自学能力和自我约束能力，对本专业有浓厚的兴趣。

本课相的前导课相为“电动小车制造与装配1”，通过学习，学生已具备了相应的知识和能力。

4. 内容与要求

（1）教学内容　本课相听取了汽车制造企业的专家和管理人员的建议，根据职业4级的人才培养目标的要求，从汽车零部件加工、汽车车身冲压、车身焊装、车身涂装、汽车总装的职业能力需求出发，以实现汽车制造职业技能的训练，以汽车构造基础知识等为依据确定教学内容，使学生在掌握汽车零部件加工、汽车车身冲压工艺、焊装工艺、涂装工艺、总装工艺基础上，能够对汽车制造工艺进行操作和质量分析。

（2）内容排序　遵循学生的认知规律，结合职业能力发展需求以及知识点前后衔接等方面因素，按照汽车整车制造工艺流程，从汽车零部件的加工、车身冲压工艺、焊装工艺、涂装工艺、汽车零部件装配到汽车的总装配。由简单到复杂，理论联系实际，合理序化教学内容，培养学生的综合能力。

（3）教学结构表　教学结构表内容见表5-35～表5-52。

表5-35　任务1——数控机床入门（6学时）

学习内容	（1）数控车床、数控铣床的名称及结构 （2）润滑及保养方法 （3）自定心卡盘的结构和使用方法 （4）机床各部位的使用方法 （5）工件、刀具的安装与找正 （6）简单件的加工和测量
学习标准	（1）了解数控车床、数控铣床及附件 （2）掌握数控车床、数控铣床安全操作知识 （3）掌握机床各部件的操作和调整 （4）熟练使用常用工具和量具
学习建议	讲练结合，讨论学习，任务驱动的学习方式（先书面作业后软件，最后机床操作）
评价建议	（1）了解数控机床名称的含义 （2）了解基本机械结构 （3）会使用自定心卡盘 （4）会使用台虎钳安装工件 （5）能正确、规范地使用量具、工具 （6）操作姿势正确
教学建议	（1）在车间进行指导。将学生以5～6人为一组分为若干组，对机床上的一般结构进行认知练习，掌握试刀、试切削的方法 （2）培养学生对工具的使用技能。遵守操作规程，养成文明生产、安全生产的良好习惯

表5-36　任务2——简单G指令（10学时）

学习内容	（1）完成动力零件程序的编制 （2）对刀 （3）工件坐标系的设定

（续）

学习标准	（1）了解简单的 G 指令 （2）会编写简单零件的加工程序
学习建议	讲练结合，讨论学习，任务驱动的学习方式（先书面作业后软件，最后机床操作）
评价建议	（1）会用简单 G 指令编程 （2）正确装夹工件 （3）简单操作机床 （4）能正确、规范地使用量具、工具 （5）操作姿势正确
教学建议	完成程序的编制、修改和输入，进入仿真加工

表 5-37　任务 3——底盘的加工（14 学时）

学习内容	（1）切削用量的确定 （2）刀具的安装 （3）简单程序的编制
学习标准	（1）了解数控铣削方法 （2）学习切削用量的选择 （3）分析工件的定位与夹紧 （4）了解刀具结构
学习建议	讲练结合，讨论学习，任务驱动的学习方式（先书面作业后软件，最后机床操作）
评价建议	（1）主运动与进给运动的区分 （2）认识并会选择切削用量 （3）知道常用刀具材料及其性能 （4）认识常用的车刀、铣刀
教学建议	（1）在加工现场以小组形式学习 （2）根据切削用量要求设计刀具与工件的运动 （3）按加工零件选择刀具并安装

表 5-38　任务 4——传动轴的加工（14 学时）

学习内容	（1）用自定心卡盘、顶尖装夹工件 （2）钻中心孔 （3）计算和查表确定切削用量 （4）车削工序安排 （5）加工质量分析
学习标准	（1）识读零件图，明确技术要求，按要求设计加工工艺 （2）看懂工艺文件，会填写工序卡片 （3）车削细长轴
学习建议	讲练结合，讨论学习，任务驱动的学习方式（先书面作业后软件，最后机床操作）

（续）

评价建议	（1）按加工要求装夹轴件（自定心卡盘、一夹一顶、双顶尖） （2）拟定细长轴零件加工过程 （3）会选择切削用量 （4）刀具选择正确、加工方法适当 （5）按图样要求控制加工尺寸及几何公差
教学建议	（1）程序的输入及编辑 （2）练习简单件加工工艺的编制 （3）刀具参数的输入 （4）掌握试切法对刀

表5-39 任务5——摆臂的加工（14学时）

学习内容	（1）型腔铣削刀具的选择 （2）二次装夹问题的解决 （3）刀具补偿的使用 （4）加工质量分析
学习标准	（1）轮廓铣削 （2）型腔铣削
学习建议	讲练结合，讨论学习，任务驱动的学习方式（先书面作业后软件，最后机床操作）
评价建议	（1）正确选择并安装刀具 （2）按图样要求加工工件 （3）正确测量并保证零件尺寸
教学建议	（1）掌握型腔的加工方法 （2）掌握刀具补偿的使用

表5-40 任务6——转向接杆的加工（14学时）

学习内容	（1）表面粗糙度的控制 （2）质量分析
学习标准	台阶轴的车削加工程序编制
学习建议	讲练结合，讨论学习，任务驱动的学习方式（先书面作业后软件，最后机床操作）
评价建议	（1）进给量 （2）C及R的使用 （3）G71的使用
教学建议	（1）倒角及圆角的编程 （2）螺纹的车削 （3）固定循环的使用

表5-41 任务7——变速器箱体的加工（14学时）

学习内容	（1）螺纹刀具的使用 （2）复杂曲线的编程 （3）螺纹测量

（续）

学习标准	（1）二次装夹 （2）复杂形状零件的编程 （3）刚性攻螺纹
学习建议	讲练结合，讨论学习，任务驱动的学习方式（先书面作业后软件，最后机床操作）
评价建议	（1）选择丝锥并正确安装 （2）二次装夹会调整机床
教学建议	（1）正确选择螺纹刀具 （2）二次装夹方法

表5-42　任务8——万向节的加工（14学时）

学习内容	（1）铣刀的选择 （2）铣刀的安装 （3）工件的安装 （4）程序的编制
学习标准	（1）曲线轮廓铣削程序的编制 （2）刚性攻螺纹
学习建议	讲练结合，讨论学习，任务驱动的学习方式（先书面作业后软件，最后机床操作）
评价建议	（1）选择合适铣刀并安装 （2）正确的铣削方法 （3）加工质量符合要求
教学建议	（1）对外轮廓铣削 （2）钻孔及刚性攻螺纹

表5-43　任务9——轮毂的加工（14学时）

学习内容	（1）内孔的车削 （2）辐条铣削程序的编制
学习标准	复杂零件的车削程序编制，会二次装夹找正
学习建议	讲练结合，讨论学习，任务驱动的学习方式（先书面作业后软件，最后机床操作）
评价建议	（1）会编制阵列零件程序 （2）找正正确
教学建议	（1）会用子程序加工阵列零件 （2）会找正

表5-44　任务10——装配（12学时）

学习内容	（1）装配图的识读 （2）装配工艺编制 （3）机器的调试
学习标准	机器及部件的装配
学习建议	讲练结合，讨论学习，任务驱动的学习方式（先书面作业后软件，最后机床操作）

（续）

评价建议	（1）会看装配图 （2）正确的安装顺序 （3）产品质量符合要求
教学建议	（1）明确各零件间的关系 （2）组装零件并保证装配关系

表 5-45　任务 11——车身覆盖件的落料（12 学时）

学习内容	（1）落料工序特点分析 （2）落料模具结构分析 （3）落料模具的安装与调试
学习标准	（1）理解落料工序的工艺特点及应用 （2）会识读落料模具图 （3）会进行落料工艺分析
学习建议	（1）善于总结和提问，做好笔记 （2）能利用网络进行信息查询
评价建议	（1）分析落料模具的工作原理 （2）绘制落料工艺示意图
教学建议	（1）多媒体教学法 （2）以电动小车车身的落料作为任务展开对落料工艺的学习

表 5-46　任务 12——车身覆盖件的冲孔（8 学时）

学习内容	（1）冲孔工序的特点分析 （2）冲孔模具的结构分析
学习标准	（1）理解冲孔工序的工艺特点及应用 （2）会识读冲孔模具图 （3）会进行冲孔工艺分析
学习建议	（1）善于总结和提问，做好笔记 （2）能利用网络进行信息查询
评价建议	（1）分析冲孔模具的工作原理 （2）绘制冲孔工艺示意图
教学建议	（1）多媒体教学法 （2）以电动小车车身的冲孔作为任务展开对冲孔工艺的学习

表 5-47　任务 13——车身覆盖件的拉深（12 学时）

学习内容	（1）拉深工序的特点分析 （2）拉深模具的结构分析 （3）拉深模具的安装与调试
学习标准	（1）理解拉深工序的工艺特点及应用 （2）会识读拉深模具图 （3）会进行拉深工艺分析

（续）

学习建议	（1）善于总结和提问，做好笔记 （2）能利用网络进行信息查询
评价建议	（1）分析拉深模具的工作原理 （2）绘制拉深工艺示意图
教学建议	（1）多媒体教学法 （2）以电动小车车身的拉深作为任务展开对拉深工艺的学习

表 5-48　任务 14——车身覆盖件的切边（12 学时）

学习内容	（1）切边工序的特点 （2）切边模具的结构分析 （3）切边模具的安装与调试
学习标准	（1）理解切边工序的工艺特点及应用 （2）会识读切边模具图 （3）会进行切边工艺分析
学习建议	（1）善于总结和提问，做好笔记 （2）能利用网络进行信息查询
评价建议	（1）分析切边模具的工作原理 （2）绘制切边工艺示意图
教学建议	（1）多媒体教学法 （2）以电动小车车身的切边作为任务展开对切边工艺的学习

表 5-49　任务 15——车身总成的焊接（20 学时）

学习内容	（1）CO_2 保护焊工艺的原理分析 （2）CO_2 保护焊设备的操作 （3）机器人焊接 （4）CO_2 保护焊质量检测
学习标准	（1）掌握 CO_2 保护焊的工艺原理 （2）会规范使用 CO_2 保护焊设备 （3）能进行 CO_2 保护焊质量检测
学习建议	（1）善于利用不同的媒介查阅信息 （2）在学习中注重学习能力的提高
评价建议	（1）CO_2 保护焊工艺参数的设定 （2）CO_2 保护焊的设备操作 （3）CO_2 保护焊的质量分析
教学建议	（1）多媒体教学法 （2）以电动小车车身的 CO_2 保护焊作为任务展开对 CO_2 保护焊工艺的学习

表 5-50 任务 16——车身漆前处理（4 学时）

学习内容	（1）车身漆前表面处理过程 （2）漆前表面处理的质量检验
学习标准	（1）掌握漆前表面处理的工艺流程 （2）了解漆前表面处理的质量检验方法
学习建议	（1）善于利用不同的媒介查阅信息 （2）在学习中注重学习能力的提高
评价建议	漆前表面处理的工艺原理
教学建议	多媒体教学法

表 5-51 任务 17——车身面漆（12 学时）

学习内容	（1）车身面漆工序流程编制 （2）机器人喷漆 （3）面漆的质量检验
学习标准	（1）理解面漆的工艺流程 （2）了解面漆的质量检验方法
学习建议	（1）善于利用不同的媒介查阅信息 （2）在学习中注重学习能力的提高
评价建议	面漆的工艺流程及质量检验
教学建议	（1）多媒体教学法 （2）以电动小车车身的喷漆作为任务展开对喷漆工艺的学习

表 5-52 任务 18——整车的装配（16 学时）

学习内容	（1）汽车装配工艺的编制 （2）小车的装配
学习标准	识读装配工艺文件
学习建议	注重理论知识的实际运用
评价建议	装配操作规范性考核
教学建议	（1）多媒体教学法 （2）以电动小车装配作为任务展开对装配工艺的学习

5. 方法与手段

（1）教学方法

1）将“任务驱动”的方式贯穿日常的教学活动中。首先，使学生明确完成学习任务的目的以及数控车、铣技能训练所能达到的能力目标。使学生对个体的行为做到心中有数、目标明确，这样听课或讨论时才会有侧重，才能最大限度地调动学生的主观能动性，提升学生的学习效果。

2）利用多媒体课件、仿真软件和实物相结合，采用实物直观教学法，设置问题以启发学生对零件加工方法的思考、测量工具和常用工具的使用用法，为后续课相的学习与发展奠定基础。

3）通过实际制作汽车模型零件的过程，学生应掌握数控加工的基本操作技能。培养学生实际动手的能力，在训练中形成正确规范的操作方式，培养学生良好的职业习惯。

4）通过自主学习和小组活动，培养学生的综合职业能力，包括注意力集中，逻辑思维，独立思考，理解问题、分析问题、解决问题的能力，与人沟通交流的能力，小组合作和收集信息的能力，有效促进学生全面素质的提高。

5）通过成果展示及表述，深化理解知识的同时，提升学生的工作成就感。

（2）教学手段　除了课堂上的板书讲解等教学手段外，本课相还应采用多媒体教学课件、动画、视频演示等现代化教学手段，结合汽车制造工艺过程以提高学生的学习兴趣、拓展学习方法，使学生可以有更多的途径来获取知识和技能。

6. 实践条件

数控实训室。

7. 评价方法

本课相考核评价原则是将过程考核融入教学评价中。在评价过程中注重学生实际能力的提高，注重学生彼此沟通和团队协作，注重实践经验积累。教学评价由项目实施过程评价、平时成绩、理论测评三部分构成，分值见表5-53。

表5-53　教学评价表

评价方式		项目完成进度	项目完成质量	学习工作态度	操作规范	团队协作
项目实施过程评价（30%）	小组外评（10%）	5%	5%			
	小组内评（10%）			5%		5%
	教师评价（10%）			5%	5%	
平时成绩（20%）		20%				
理论测评（50%）		50%				

8. 教学资源

（1）教材

1）校本讲义：《电动小车制作与装配2》。

2）李玉兰．数控加工技术．北京：机械工业出版社，ISBN 978-7-111-29599-0。

3）宋晓琳．汽车车身制造工艺学．北京：北京理工大学出版社，2006。

4）陈家瑞．汽车构造（上、下）．北京：机械工业出版社，2009.

（2）学材

1）汽车车身焊装工艺文件。

2）汽车装配工艺文件。

3）车身冲压工艺文件。

4）焊接技术手册。

5）冲压设计手册。

（3）教学多媒体

1）多媒体投影仪。播放课件、教学视频，实物投影等。

2）教学动画。冲压模拟仿真动画、机器人焊装模拟仿真动画、汽车装配模拟仿真动画。

3）教学视频。学生可以直观、高效地学习汽车装配的操作技能与工艺知识。

4）计算机网络。收集和查询所需的知识信息，开放网络课相综合平台，培养学生自主学习的能力。

5）数控加工仿真软件、电子文档、数控系统说明书等。

5.2　职业资格证书

5.2.1　低压设备运行维修上岗资格证

1. 课程定位

“低压设备运行维修上岗资格证”是特种作业操作证，取得该资格证是职业 4 级学生熟悉生产过程、培养实践动手能力的实践性教学环节，并且是一门必修课。低压电工是工厂中最基础、分布最广泛同时也是最重要的工种之一。要求通过本实训学习为后续课程打下良好的专业基础。

2. 课程目标

使学生熟悉各种设备和工具的安全操作和使用方法；了解新技术在工厂中的使用；培养学生认识图样的能力。通过实习，学生应养成热爱劳动，遵守纪律的好习惯，培养经营意识和理论联系实际的严谨作风，使学生成为本专业的高素质劳动者。

学生通过本课程的学习，应基本掌握电的基本知识，并且能够应用这些知识来分析工作中的具体问题。

3. 教学起点

学生应认识电路图，具备基本的机械基础知识等。

4. 内容与要求

（1）教学内容　本课程结合低压设备运行与维修理论考核实际，并从维修等岗位的职业能力需求出发，选取教学内容。

（2）内容排序　遵循学生的认知规律，结合职业能力发展需求以及知识点前后衔接等方面因素，由简单到复杂，理论联系实际，合理序化教学内容，培养学生的综合能力。通过对学习情境的学习，学生应对低压电工的基本内容有较好的掌握，顺利通过理论及实际操作的考核。

（3）教学结构表　教学结构表内容见表 5-54 ~ 表 5-58。

表 5-54　任务 1——万用表的使用（8 学时）

学习内容	（1）万用表使用的注意事项 （2）指针万用表和数字万用表的选用
学习标准	（1）指针万用表读取 （2）测喇叭、耳机、动圈式话筒 （3）测电容
学习建议	在学习过程中要针对典型的系统进行观察和识记，并通过操作进行反馈记忆

（续）

评价建议	（1）通过问卷调查或者提问的方式来检验学生理论知识的掌握情况 （2）小组操作，观察学生实践技能的掌握情况 （3）教师观察学生是否遵守安全操作规程及正确的工作流程
教学建议	采用讲授和任务驱动相结合的教学方法，教师注重对学生自主学习能力的培养，培养学生的专业兴趣，初步形成认真踏实的工作作风

表 5-55　任务 2——钳形电流表及其使用（8 学时）

学习内容	（1）结构及原理 （2）使用方法
学习标准	（1）机械调零 （2）选择合适的量程
学习建议	要在学习过程中多动手进行实践，对于必要的理论知识要做笔记并强化记忆，课后要进行针对性的巩固练习
评价建议	通过学生的实践操作情况进行针对性评价，不同的操作环节进行独立的评价
教学建议	本部分教学内容采用讲练结合的方式，采用以任务驱动、讲演、故障诊断与排除的教学方法

表 5-56　任务 3——绝缘电阻表的使用（8 学时）

学习内容	（1）绝缘电阻表的使用 （2）校表
学习标准	（1）校表 （2）选用电压等级 （3）拆线放电
学习建议	在学习本部分知识时要强调独立操作的意识，把复杂问题简单化
评价建议	采用小组评价和个人评价相结合的评价方式
教学建议	教师注重对学生团队配合意识的培养

表 5-57　任务 4——低压电器元件及电器线路（20 学时）

学习内容	低压电器元件及电器线路
学习标准	（1）安装工艺要求 （2）控制原理
学习建议	在学习的过程中要尽可能多操作
评价建议	（1）采取以自评为主、小组评价为辅的方式 （2）通过学生自评来使其反思自己的学习过程，找到自己知识方面的缺陷
教学建议	教师在评价环节采用自评和组评，通过评价的反馈来查缺补漏进行针对性的讲解

表 5-58　任务 5——电工理论知识（52 学时）

学习内容	详见考证理论试题要求
学习标准	详见考证理论试题要求
学习建议	在学习过程中要注重知识和方法的提炼，通过反复学习来巩固知识和技能要点
评价建议	评价环节要着重体现对学生学习能力方面的评价，通过学生的学习评价来反馈其技能的提高和达到的水平
教学建议	把教学环节设计成理论训练环节，利用多样的教学手段帮助学生理解和掌握知识与技能

5. 方法与手段

（1）教学方法　以理论为基础，完成低压设备运行与维修实操，并以演示、示范的方法进行教学，培养学生的操作技能。在教学过程中建议在每次任务之前简要介绍与该任务有关的理论知识，并进行操作示范；把电工实例和情境融入日常教学中。

（2）教学手段　在学生进行操作的过程中，教师加强工位巡视。发现问题及时纠正，并指导或进行正确示范。为保证教学效果，宜采用3~5人分组协作的组织形式。实训场应有工具、仪表、器材及配件等，在学习过程中尽量设置与企业实际生产一致的工作环境和工作步骤。

6. 实践条件

电工实训室。

7. 评价方法

采用多元评价，教师要观察学生的学习过程，评价学生的出勤情况和学习态度，根据学生的学习情况、自我评价和小组评价情况，给出总体评价和改善建议，遵循个性评价与普适评价相结合、批评与表扬相结合、过程与结果评价相结合的原则，使评价既能评估学生的学习效果又能激发学生的学习热情。考评分值如下：

总成绩＝实习报告(15%)＋平时表现、出勤(10%)＋课后作业(25%)＋电工理论知识(50%)

1）实习报告占15%。指实习结束，学生对在实习过程中的收获、体会，对实习课程的意见、建议等方面的文字总结，800字以上。

2）平时表现、出勤占10%。指实习过程中在遵守实习纪律、出勤率、互助等方面的表现。

3）课后作业占15%。指实习期间所布置的与实习有关的理论知识的文字性作业。

4）电工理论知识占50%。指学生在一个实习过程中应掌握的电工理论知识。

8. 教学资源

《低压运行维修考核手册》采用自学为主、讲授为辅的“自主学习、自我发展”的学习模式，为“特种作业操作证”（电工类）考核应试用书，可供考前练习和自测使用，也作为“进网电工作业许可证”的应试参考。

5.2.2 维修电工取证

1. 课程定位

“维修电工取证”是职业4级学生的一门实践课程。本课程是在完成“奔驰车模制作与装配1”“奔驰车模制作与装配2”“自动送料站搭建与调试1”“自动送料站搭建与调试2”等课程的基础上开设的一门综合性实践课程，是对学生岗前的一次知识与技能的综合检验与提升。通过考证的形式激励学生更好地掌握技能，提升自己的就业竞争力，培养学生安全用电、正确使用电气工具、合理维护和检修机电设备的能力。

2. 课程目标

本取证培训课程包括的知识内容有：中级维修电工理论知识，常用仪器、仪表的使用，小型变压器和电焊机的故障检修，电动机故障的维修，电动机控制线路技能训练，可编程序控制器的应用。

3. 教学起点

本课程的前导课程为“奔驰车模制作与装配 1”“奔驰车模制作与装配 2”“自动送料站搭建与调试 1”“自动送料站搭建与调试 2”等专业基础课程与专业核心课程，通过这些课程的学习，学生已具备相应的知识和能力。

4. 内容与要求

（1）教学内容　本课程根据职业 4 级的人才培养目标的要求，考虑从事汽车制造相关岗位工作的要求，选取了维修电工安全知识、维修电工理论知识、仪器仪表使用、继电器接触器配盘、PLC 控制、电子电路制作等作为教学内容。

（2）内容排序　遵循学生的认知规律，结合职业能力发展需求以及知识点前后衔接等方面因素来对教学内容进行排序。

（3）教学结构表　教学结构表内容见表 5-59 ~ 表 5-65。

表 5-59　任务 1——维修电工安全知识（6 学时）

学习内容	（1）安全用电知识 （2）触电急救知识
学习标准	（1）分析安全用电隐患 （2）用低压试电笔判断物体是否带电 （3）采用兆欧表体验不同的触电类型 （4）会使用灭火器 （5）掌握人工急救的方法
学习建议	通过对一些操作实例的了解并联系实际的学习，来掌握维修电工的安全知识
评价建议	（1）形成安全用电意识 （2）正确操作电工工具和用电设备 （3）能正确进行触电急救
教学建议	（1）分组以每组 2 ~3 人为宜 （2）组内形成负责人统管操作与评价

表 5-60　任务 2——维修电工理论知识（18 学时）

学习内容	（1）电工直流电路的基础及应用 （2）电工单相交流电路的基础及应用 （3）电工三相交流电路及应用 （4）电子器件与电子电路 （5）普通机床的电气控制
学习标准	（1）直流电路的构成、参数含义、关系、计算和基本定律 （2）交流电的形成与表示，交流电路的构成、特点与计算 （3）半导体、二极管、晶体管及其实用电路 （4）机床的结构和电气控制
学习建议	能根据教材或者教学参考资料来学习理论知识，并能掌握电路基础和电子元器件的知识
评价建议	（1）懂原理、会分析、能计算 （2）能应用、会选型
教学建议	（1）强化重点理论和应用 （2）突出基础知识

表 5-61　任务 3——仪器仪表使用（6 学时）

学习内容	（1）万用表 （2）电压表和电流表 （3）示波器 （4）电阻箱 （5）绝缘电阻表 （6）钳形电流表 （7）电参数及元器件测量
学习标准	（1）会正确使用仪器、仪表 （2）会测量多种电子器件和电路参数
学习建议	通过对仪器、仪表的实际操作，掌握其操作的要领，进而达到熟练使用仪表的学习效果
评价建议	（1）安全无误地使用工具 （2）双人协作和沟通能力
教学建议	（1）仪器、仪表的使用演示到位 （2）测试情景有变化

表 5-62　任务 4——继电器接触器配盘（22 学时）

学习内容	（1）继电器接触器控制系统的原理分析 （2）继电器接触器控制系统接软线 （3）继电器接触器控制系统配盘
学习标准	（1）电动机的起动、停止、双向运行、制动控制 （2）电动机的继电器接线原理图识读 （3）配盘布局和工具的使用
学习建议	通过实验观察和仪器操作进而了解继电器的系统原理，熟悉各种工具的使用
评价建议	（1）接线一次通过 （2）接线时间 （3）配盘质量
教学建议	（1）任务之初由教师引导 （2）任务进行过程中加强监控

表 5-63　任务 5——PLC 控制（8 学时）

学习内容	（1）PLC 的结构和控制方式 （2）PLC 的硬件接线和组态 （3）PLC 的指令及应用 （4）PLC 编程与调试
学习标准	（1）能建立西门子 PLC 的硬件配置 （2）能正确接线和组态 （3）会测试输入、输出 （4）会编写和调试电动机空盒子程序
学习建议	利用教材和学习资料学习西门子的硬件配置，利用手册学习 PLC 的接线和组态

（续）

评价建议	（1）硬件接线一次通过 （2）编程和调试顺畅 （3）控制成功率
教学建议	（1）严格监控硬件连接，确认无误才能通电 （2）共同完成任务

表 5-64　任务 6——电子电路制作（8 学时）

学习内容	（1）电路板和电子元件焊接 （2）电子电路的作用 （3）元件的测量 （4）焊接与调试
学习标准	（1）导线焊接与元件焊接质量较高 （2）电路布线合理、简洁
学习建议	通过实际操作来达到掌握焊接电路板的方法，并通过实际布线来掌握布线的方法
评价建议	（1）动作规范，无安全隐患 （2）焊接质量高
教学建议	（1）教师示范 （2）指导练习

表 5-65　任务 7——总结评定（4 学时）

学习内容	（1）理论部分总结 （2）实操注意事项概括 （3）综合测试
学习标准	（1）定理、定律、公式、概念 （2）计算与应用
学习建议	利用本次实训来总结自己的理论和实操技能
评价建议	维修电工模拟试卷考核
教学建议	严格考核时间

5. 方法与手段

（1）教学方法　本课程是以理论知识为重点，强调实操效果的课程。课程内容设置以工厂实用和《维修电工取证考试大纲》要求为核心，通过多媒体、实物、产品制作、角色扮演等多种教学方法，强化知识的实用性，调动学生的学习积极性。每个项目组有 2～3 人，各成员轮流分管不同的任务。单一任务分工明确，每人都必须完成某一任务。要求组内的成员要树立良好的合作意识，建立每人都是核心、每人都要维护小组核心的理念。

（2）教学手段　实操练习。

6. 实践条件

电工实训室。

7. 评价方法

1）课程考核。总分为100分，60分为及格。不及格的学生要参加补考。总评成绩考核如下：

总评成绩 = 实操成绩(60%) + 理论成绩(40%)

2）取证成绩。理论和实操都在60分以上的颁发合格证书，即可取得维修电工证书。

8. 教学资源

（1）教材与学材

1）电工电子、电动机、PLC相关教材、教参。

2）维修电工常见实操考题和理论考题。

3）维修电工中级工教材。

（2）教学多媒体　课程对应的教学课件。

5.2.3　汽车装调工证

1. 课程定位

“汽车装调工证”是职业4级学生的一门实践课程，开设时间为第二学年第二学期。本课程是在完成“奔驰车模制作与装配1”“奔驰车模制作与装配2”“奔驰车模制作与装配3”“自动送料站搭建与调试1”“自动送料站搭建与调试2”“自动送料站搭建与调试3”等课程的基础上开设的一门综合性实践课程，是对一次学生岗前的知识与技能的综合检验与提升。通过考证的形式激励学生更好地掌握技能，提升自己的就业竞争力，培养学生安全用电、正确使用装配工具、在实践中掌握汽车装配方法与技巧及对零部件工装进行调整的能力。

2. 课程目标

本取证培训课程包括的知识内容有高级汽车装配调整工的理论知识，常用仪器、仪表的使用，小型变压器和电焊机的故障检修，电动机故障的维修，电动机控制线路技能训练，可编程序控制器的应用。

3. 教学起点

本课程的前导课程为“奔驰车模制作与装配1”“奔驰车模制作与装配2”“奔驰车模制作与装配3”“自动送料站搭建与调试1”“自动送料站搭建与调试2”“自动送料站搭建与调试3”等专业基础课程与专业核心课程。通过这些课程的学习，学生已具备了相应的知识和能力。

4. 内容与要求

（1）教学内容　根据职业4级的人才培养目标的要求，考虑从事汽车制造相关岗位的工作需求，选取了汽车装调图样识读、汽车材料、汽车装调电工、汽车机械基础、汽车构造、汽车制造装配工艺和汽车装调实训等内容。

（2）内容排序　遵循学生的认知规律和职业能力培养基本规律，以工作任务从简单到复杂、知识和技能由浅入深渗透到学生的工作过程中为依据，合理序化教学内容，安排学习项目，培养学生职业素养和职业能力。

（3）教学结构表　教学结构表内容见表5-66～表5-72。

表 5-66　任务 1——汽车装调图样识读（6 学时）

学习内容	复习机械制图的相关内容，提高识图能力
学习标准	（1）能绘制简单零件图 （2）掌握装配图的识读
学习建议	通过对一些操作实例的了解以及联系实际的学习，掌握零件图、装配图的识读
评价建议	（1）学习基本的点、线、面知识 （2）正确读出零件图、装配图上的信息 （3）了解公差的含义
教学建议	以零件图、装配图为任务，考核学生的完成情况

表 5-67　任务 2——汽车材料（6 学时）

学习内容	复习汽车材料的相关内容
学习标准	（1）能读懂零件图上的材料信息 （2）掌握材料牌号的含义 （3）对不同材料的性能能进行简单的分析
学习建议	通过对一些操作实例的了解以及联系实际的学习，掌握零件上材料信息的解读
评价建议	（1）学习金属的分类、热处理 （2）掌握材料牌号的编写特点 （3）能熟练读出材料牌号的含义
教学建议	以各种材料牌号的解读为任务，考核学生的完成情况

表 5-68　任务 3——汽车装调电工（6 学时）

学习内容	复习电工基础的相关内容，提高相关技能
学习标准	（1）直流电路构成、参数含义、关系、计算、基本定律 （2）交流电的形成和表示，交流电路的构成、特点与计算 （3）半导体、二极管、晶体管及其实用电路 （4）机床的结构和电气控制
学习建议	能根据教材或教学参考资料来学习理论知识，并掌握电路基础和电子元器件的知识
评价建议	（1）懂原理、会分析、能计算 （2）能应用、会选型
教学建议	强化重点理论和应用，突出基础知识

表 5-69　任务 4——汽车机械基础（6 学时）

学习内容	（1）复习汽车机械基础知识，分析汽车装调中的相关机械原理
学习标准	（1）力学知识 （2）平面机构的概念 （3）四杆机构、凸轮机构 （4）带传动、链传动、齿轮传动 （5）轮系、轴、轴承 （6）万向节、离合器、制动器

（续）

学习建议	（1）能认识工程中的机械、机器、机构、构件、零件 （2）会分析机械传动的工作原理 （3）具有测绘、拆装、调整、运用和维护一般机械装置的理论知识
评价建议	（1）会分析机械故障的原因 （2）拆装机构的能力
教学建议	考核学生拆装机构、组装机构的能力

表5-70 任务5——汽车构造（6学时）

学习内容	复习汽车构造相关内容，提高学生相应技能
学习标准	（1）汽车结构 （2）汽车理论（燃油的经济性、动力性、制动性等）
学习建议	（1）理解发动机主要总成、零部件一般运动、受力分析 （2）了解汽车润滑系统和冷却系统的结构和路径 （3）理解汽车底盘四大系统的组成 （4）掌握汽车底盘传动系统、行驶系统、转向系统、制动系统的组成及各组成的构造和工作原理
评价建议	（1）掌握汽车各总成、零部件的作用、结构和工作原理，并熟悉其部件的拆装方法 （2）掌握汽车的维护和主要总成的检验、修理、调试等过程
教学建议	考核学生拆装的能力及汽车装配后的检验、修理、调试的能力

表5-71 任务6——汽车制造装配工艺（10学时）

学习内容	学习汽车制造装配工艺的相关知识，训练相应能力
学习标准	（1）汽车制造工艺 （2）保证装配精度的方法
学习建议	使学生掌握现代汽车制造中大部分的工艺知识和相关设备的使用方法，具备生产现场的组织管理和质量监控能力
评价建议	（1）掌握汽车零部件机械加工方面的知识 （2）运用所学知识分析和处理生产中出现的一些问题
教学建议	从工艺的观点分析和评价汽车零部件的结构工艺性

表5-72 任务7——汽车装调实训（16学时）

学习内容	汽车装配与调整实训
学习标准	（1）装配工具的种类 （2）工具的适用范围 （3）零部件装配的方法与技巧
学习建议	使学生掌握汽车零部件装配的方法与技巧
评价建议	（1）操作准确 （2）操作快速 （3）操作规范
教学建议	对学生进行现场指导

5. 方法与手段

（1）教学方法　本课程是以理论知识为重点，强调实操效果的课程。课程内容设置以工厂实用和《维修电工取证考试大纲》要求为核心，通过多媒体、实物、产品制作、角色扮演等多种教学方法，强化知识的实用性，调动学生的学习积极性。具体方法如下：

1）教学分组。每个项目组有2~3人，各成员轮流管不同的任务。单一任务分工明确，每人都必须完成某一任务。要求组内的成员要树立良好的合作意识，建立每人都是核心、每人都要维护小组核心的理念。

2）成果展示与分享。通过多组的任务成果展示，拓展思路，激发学生的好奇心和上进心。

（2）教学手段　实训为主。

6. 实践条件

汽车总装实训车间如图5-4所示，配置汽车装配线、POLO轿车（4辆）、骑士车（4辆）。

图5-4　汽车总装实训车间

7. 评价方法

（1）课程考核　课程考核评价原则是将过程考核融入教学评价中。在评价过程中注重学生实际能力的提高，注重学生彼此沟通和团队协作，注重实践经验的积累。教学评价由项目实施过程评价、平时成绩、理论测评三部分构成，具体内容见表5-73。

表5-73　教学评价

评价方式		完成进度	项目完成质量	工作态度	操作规范	团队协作
项目实施过程评价（30%）	小组外评（10%）	5%	5%			
	小组内评（10%）			5%		5%
	教师评价（10%）			5%	5%	
平时成绩（20%）		20%				
理论测评（50%）		50%				

总分为100分，60分为及格。不及格的学生要参加补考。

（2）取证成绩　理论和实操都在60分以上的颁发合格证书，即可取得汽车装调工证书。

8. 教学资源

（1）教材

1）校本讲义：《汽车制造工艺》。

2）宋晓琳. 汽车车身制造工艺学. 北京：北京理工大学出版社，2006。

3）陈家瑞. 汽车构造（上、下）. 北京：机械工业出版社，2009。

（2）学材

1）汽车车身焊装工艺文件。

2）汽车装配工艺文件。

3）车身冲压工艺文件。

4）焊接技术手册。

（3）教学多媒体

1）多媒体投影仪。播放课件、教学视频，实物投影等。

2）教学动画。冲压模拟仿真动画、机器人焊装模拟仿真动画、汽车装配模拟仿真动画。

3）教学视频。学生可以直观、高效地学习汽车装配的操作技能与工艺知识。

4）计算机网络。收集和查询所需的知识信息，开放网络课程综合平台，培养学生自主学习的能力。

5.3 职业发展能力课程

5.3.1 汽车拆装与调试

1. 课程定位

“汽车拆装与调试”是职业4级课程，其目的是培养满足汽车制造、汽车零部件生产企业及其他加工制造业生产、技术、管理等一线岗位要求的高素质技能型人才，它在三年学制的第三学期进行。通过本课程的学习，学生应具备汽车各部件结构、作用和工作原理的知识；熟知汽车各总成、部件的装配位置关系，具有扎实的汽车结构拆装实践操作技能。本课程应让学生更加清楚汽车的基本结构、常用材料、基本工作原理及汽车各种使用性能等。它重在培养学生对汽车专业的知识与兴趣，使其打好专业基础，并在提升学生就业优势等方面起着举足轻重的作用。

2. 课程目标

“汽车拆装与调试”课程主要培养学生在汽车生产、装配、调试、维修等实际工作中应具备的基本职业能力。

3. 教学起点

本课程以“自动送料站搭建与调试1”“自动送料站搭建与调试2”“奔驰车模制作与装配1”“奔驰车模制作与装配2”课程为前导，学生在了解了这些专业知识和技能后，能更加顺利地理解和掌握本课程的学习内容。

4. 内容与要求

（1）教学内容　本课程是根据职业4级的人才培养目标的要求，从汽车生产线自动控制、汽车制造四大工艺、汽车制造生产线的调试和维修等岗位的职业能力需求出发，以实现汽车制造生产线维护与调试等职业技能的训练为目标，并以机械电子专业基础知识等为依据确定教学内容。结合汽车结构设计了14个学习情境，使学生在认识汽车结构的基础上，能够对汽车的一些大总成进行拆装及调整。

（2）内容排序　遵循学生的认知规律，结合职业能力发展需求以及知识点前后衔接等方面因素，从认识汽车、认识发动机，到汽车总成的结构分析，再到汽车各总成的功用及工作原理分析，最后到汽车总成的拆装与维护调整。由简单到复杂，理论联系实际，合理序化教学内容，培养学生的综合能力。

（3）教学结构表　教学结构表内容见表5-74～表5-87。

表5-74　任务1——认识汽车（6学时）

学习内容	（1）汽车类型 （2）汽车编号 （3）汽车行驶基本原理 （4）汽车总体构造 （5）汽车各种技术参数
学习标准	（1）基本了解汽车各种技术参数的含义 （2）了解汽车总体构造及相互关系 （3）熟知汽车的各类编号及作用 （4）熟悉劳动事故发生的原因，并遵守劳动安全和用电安全规程
学习建议	本部分知识比较偏理论性，在学习过程中要针对某款轿车进行观察和识记，并通过举一反三进行反馈记忆
评价建议	（1）通过问卷调查或者提问的方式来检验学生的理论知识掌握情况 （2）小组操作汽车来观察学生的实践技能掌握情况 （3）观察学生是否遵守安全操作规程以及正确的工作流程
教学建议	（1）采用理论讲授和任务驱动相结合的教学方法 （2）注重对学生自主学习能力的培养 （3）培养学生的专业兴趣，初步形成认真踏实的工作作风

表5-75　任务2——认识发动机（4学时）

学习内容	（1）发动机分类方法 （2）二冲程和四冲程发动机的工作原理 （3）发动机常用技术术语及性能指标 （4）发动机总体构造
学习标准	（1）明确发动机的各种分类方法 （2）熟知发动机常用技术术语及性能指标表达 （3）理解二冲程、四冲程发动机的工作原理 （4）能说出发动机外围部件的名称
学习建议	（1）认识发动机是学习发动机构造的基础，学生须掌握发动机的分类方法 （2）熟悉发动机常用技术术语，要对照发动机实物进行学习 （3）对于必要的理论知识要做笔记并强化记忆，课后要进行有针对性的巩固练习
评价建议	（1）通过问卷调查或者提问的方式来检验学生的理论知识掌握情况 （2）针对发动机实物采用提问或者故意设置陷阱的方式，通过学生回答判断学生对理论知识的掌握情况
教学建议	（1）本部分教学内容采用讲练结合的教学模式 （2）采用以任务驱动、讲演的教学方法 （3）教师注重对学生学习能力的培养

表5-76　任务3——拆装曲柄连杆机构（16学时）

学习内容	（1）曲柄连杆机构的作用 （2）曲柄连杆机构各零部件的结构特点、常用材料 （3）发动机的工作顺序 （4）曲柄连杆机构的拆装步骤
学习标准	（1）明白曲柄连杆机构的作用及组成 （2）能说出曲柄连杆机构各零部件的结构特点、材料 （3）能根据点火顺序独立编制多缸发动机工作顺序表 （4）能正确拆装曲柄连杆机构
学习建议	（1）曲柄连杆机构是发动机的重要部件，结构复杂，在学习本部分知识时要强调独立思考的意识，把复杂问题简单化 （2）拆装操作要符合5S管理要求
评价建议	（1）本部分知识的评价要突出实践操作环节的重要性 （2）评价环节既要评价整体，也要兼顾对个体的评价 （3）采用小组评价和个人评价相结合的评价方式
教学建议	（1）本部分教学内容采取项目教学和任务驱动相结合的教学方法 （2）通过对既定任务的完成来达到掌握技能操作的目的，设计的任务和情境尽量要真实可行 （3）教师注重对学生团队配合意识的培养

表5-77　任务4——拆装配气机构（6学时）

学习内容	（1）配气机构的作用及组成 （2）各种布置形式的配气机构 （3）配气机构各零部件的结构特点及常用材料 （4）配气相位 （5）充气效率
学习标准	（1）熟悉各种布置形式的配气机构特点 （2）明确配气相位及充气效率的概念 （3）能描述配气机构各零部件的结构特点及常用材料 （4）能正确拆装配气机构及确定一缸上止点
学习建议	（1）本部分知识偏理论性，充气效率、配气相位的概念需要强化记忆 （2）结合各种布置形式的配气机构实物理解知识 （3）在学习的过程中要尽可能多观察，拆装操作要符合5S管理要求
评价建议	（1）以自评为主，小组评价为辅 （2）通过学生自评来使其反思自己的学习过程，找到自己知识方面的缺陷 （3）利用小组评价来整体把握学生对知识的掌握情况，根据反馈进行补充讲解
教学建议	（1）采取讲练结合和分组教学的教学方法 （2）把理论知识融入操作过程中，在教学过程中应以点带面、分组教学来达到教学目的 （3）教师在评价环节采用自评和组评，通过评价的反馈来查漏补缺，以此来进行针对性知识的讲解

表 5-78 任务 5——认识汽油机燃料供给系统（8 学时）

学习内容	（1）混合气浓度及其与发动机工况的关系 （2）汽油机燃料供给系统的组成及作用 （3）化油器基本结构与工作过程 （4）电控燃油供给系统的组成、电控元件的作用、信号类型及控制原理 （5）汽车专用示波器及故障诊断仪使用
学习标准	（1）明白混合气浓度与发动机工况的关系 （2）了解汽油机燃料供给系统的组成及作用 （3）能描述化油器的结构及各装置的工作过程 （4）了解电控燃油供给系统的组成 （5）明白电控系统中各电子元件的信号类型及控制原理 （6）能独立使用汽车专用示波器及故障诊断仪进行测试
学习建议	（1）本部分知识的学习和技能的训练必须在熟练掌握理论知识的基础上才能进行 （2）在学习过程中要注重知识和方法的提炼，通过反复操作来巩固知识和技能要点
评价建议	（1）评价环节要着重体现对学生能力方面的评价，通过学生的操作评价来反馈其技能的提高和达到的水平 （2）理论评价可以采用随机提问或者问卷调查的方式，评价方式尽可能多样化
教学建议	（1）以项目教学和任务驱动教学为主 （2）在教学中使用讲演法、头脑风暴法、分组教学法等教学方法 （3）教学环节设计成理论和实操训练相结合

表 5-79 任务 6——认识柴油机燃料供给系统（4 学时）

学习内容	（1）柴油机燃料供给系统的组成及作用 （2）柴油机混合气形成的特点 （3）柴油机高压油泵的类型、结构及工作原理 （4）柴油机喷油器的结构、工作原理
学习标准	（1）了解柴油机燃料供给系统的组成及作用 （2）理解柴油机混合气形成的特点及影响因素 （3）掌握柴油泵的结构及工作原理 （4）理解喷油器的结构及工作原理
学习建议	（1）自主完成观察柴油机与汽油机的区别 （2）理解柴油机混合气浓度与柴油机性能的关系
评价建议	（1）评价尽量全面和客观 （2）完成一项既定任务并进行整体评价 （3）评价方式以小组评价和个体评价相结合 （4）学生进行相应的陈述性答辩
教学建议	（1）突出学生主体，采用典型的任务驱动教学法 （2）在教学过程中把教学任务融入典型的项目中，以汽油机和柴油机两种机型对比完成教学

表 5-80　任务 7——添加防冻液（4 学时）

学习内容	（1）冷却系统的组成及作用 （2）冷却系统的主要部件结构、工作原理 （3）防冻液型号 （4）冷却系统大、小循环水路分析 （5）安全操作
学习标准	（1）能理解冷却系统的作用 （2）独立分析冷却系统大、小循环水路 （3）理解冷却系统主要部件的结构及工作原理 （4）能独立选择冷却液型号并添加冷却液
学习建议	（1）从更换冷却液型号入手，进而理解冷却系统的作用 （2）完成冷却液的添加
评价建议	（1）评价应突出对学生能力的综合评价 （2）评价方式采用整体评价与个体评价相结合
教学建议	（1）教学内容注重对冷却系统整体知识的学习和运用 （2）培养学生的综合实践技能，在教学中以项目教学和任务驱动为主要手段，突出学生为主体 （3）以小组为单位完成相关任务，并强调安全操作的意识

表 5-81　任务 8——更换发动机润滑油（4 学时）

学习内容	（1）发动机润滑系统的组成及作用 （2）发动机的润滑方式 （3）润滑系统主要部件结构及工作原理 （4）润滑油型号及性能 （5）安全操作
学习标准	（1）理解发动机采用润滑方式的原理及意义 （2）理解润滑系统主要部件结构及工作原理 （3）掌握发动机润滑系统的组成及作用 （4）能根据润滑油型号选择合适的润滑油并进行更换 （5）安全操作规程
学习建议	（1）从更换润滑油任务的需求入手，理解润滑系统的组成及作用 （2）熟悉润滑油的型号并能正确选择 （3）进行润滑油的更换操作
评价建议	（1）评价应突出对学生能力的综合评价，从润滑系统的作用到润滑油型号，最后完成润滑油的更换以及安全操作，都应作为评价指标 （2）评价方式采用整体评价与个体评价相结合
教学建议	（1）教学内容应注重对润滑系统的作用和主要部件结构知识的学习和运用 （2）培养学生的综合实践技能，在教学中以项目教学和任务驱动为主要手段，突出学生为主体 （3）以小组为单位完成相关任务，并强调安全操作的意识

表 5-82　任务 9——拆装起动机（4 学时）

学习内容	（1）起动系统的组成及作用 （2）起动机的结构及工作原理 （3）起动机电路分析 （4）拆装起动机 （5）万用表的使用
学习标准	（1）理解起动系统的组成及作用 （2）熟悉 R 起动机的结构及工作原理 （3）能分析起动机电路 （4）能进行起动机拆装测量
学习建议	参照相关的技术文档和手册，重在操作训练，并能独立分析起动机电路
评价建议	评价尽量体现对学生自主学习能力的评价，让学生自主地学习并制订相应的评价标准来进行自我评价。主要采用个体评价的方式
教学建议	（1）教学内容应注重对学生自学能力的培养 （2）给学生提供相应的技术文档，让学生通过自主学习来达到熟练操作的目的

表 5-83　任务 10——发动机点火系统（6 学时）

学习内容	（1）发动机点火系统的作用、类型及组成 （2）传统点火系统主要部件的结构、作用及工作原理 （3）电控点火系统的组成，电控元件的结构、信号类型及控制原理 （4）示波器的使用
学习标准	（1）掌握汽车各种点火系统的类型、作用及组成 （2）理解点火系统性能与发动机性能的关系 （3）熟知汽车传统点火系统主要部件的结构、作用及工作原理 （4）能正确描述电控点火系统中电控元件的作用、输入输出信号类型及控制内容 （5）熟悉劳动事故发生的原因，并遵守劳动安全和用电安全规程
学习建议	（1）要针对配置传统点火系统轿车和电控点火系统的轿车进行观察和识记，并通过举一反三进行反馈记忆 （2）通过示波器测试波形来理解控制内容
评价建议	（1）通过问卷调查或者提问的方式来检验学生的理论知识掌握情况 （2）通过实际操作来考查学生对技能的掌握情况 （3）教师观察学生是否遵守安全操作规程以及正确的工作流程
教学建议	（1）理论讲授和任务驱动相结合的教学方法 （2）注重对学生自主学习能力的培养 （3）培养学生的专业兴趣

表 5-84　任务 11——拆装汽车变速器（12 学时）

学习内容	（1）传动系统的作用与分类 （2）传动系统组成及各总成部件的结构特点和作用 （3）传动系统各总成部件之间的装配关系 （4）手动变速器的拆装步骤

（续）

学习标准	（1）明确传动系统的作用及类型 （2）熟知传动系统的组成及各组成部件的结构特点和作用 （3）理解传动系统各组成部件之间的装配关系及联系 （4）能根据手册拆装变速器
学习建议	（1）传动系统是汽车底盘结构中的重要系统，学生需掌握传动系统中离合器、变速器、万向传动装置及驱动桥结构 （2）熟悉各总成部件的作用及装配关系，要在学习过程中操作汽车实物，对于必要的理论知识要做笔记并强化记忆，课后要进行针对性的巩固练习 （3）变速器拆装要符合5S管理要求
评价建议	（1）通过问卷调查或者提问的方式来检验学生的理论知识掌握情况 （2）针对汽车实物采用提问或者故意设置陷阱的方式，通过学生回答来判断学生对于理论知识的掌握情况 （3）小组评价每个人在技能训练中的作用 （4）教师观察学生是否遵守安全操作规程以及正确的工作流程
教学建议	（1）教学内容采用讲练结合的教学模式 （2）采用以任务驱动、讲演的教学方法 （3）注重对学生学习能力的培养 （4）培养学生细致、认真的工作作风，以及主动发现问题和解决问题的意识

表5-85 任务12——拆装转向机（4学时）

学习内容	（1）转向系统的作用及分类方法 （2）转向系统的组成及各组成部件之间的相互关系与装配关系 （3）转向系统常用术语的含义 （4）转向机的拆装步骤
学习标准	（1）理解转向系统的作用及组成 （2）能说出转向系统各零部件的结构特点和作用 （3）能理解转向系统常用技术参数的含义 （4）能正确拆装齿轮齿条转向机和循环球式转向机
学习建议	（1）学习中要强调独立思考的意识，把复杂问题简单化 （2）拆装操作要符合5S管理要求
评价建议	（1）评价要突出实践操作环节的重要性 （2）评价环节既要评价整体，也要兼顾到对个体的评价 （3）采用小组评价和个人评价相结合的评价方式
教学建议	（1）采取项目教学和任务驱动相结合的教学方法 （2）通过对既定任务的完成来达到掌握技能操作的目的 （3）设计的任务和情境要尽量真实可行 （4）教师应注重对学生团队配合意识的培养

表 5-86　任务 13——更换车轮（8 学时）

学习内容	（1）行驶系统的作用、组成及类型 （2）车轮定位的意义、定位参数的作用及表达方式 （3）悬架的类型及特点 （4）车轮的更换步骤
学习标准	（1）熟悉行驶系统的作用及类型 （2）明确车轮定位概念的意义及表达方式 （3）能描述独立悬架和非独立悬架的结构特点、区别及对汽车行驶性能的影响 （4）能正确更换车轮
学习建议	（1）知识偏理论性，车轮定位的概念需要强化记忆 （2）结合悬架形式的汽车理解相关知识，在学习的过程中要多观察。拆装操作要符合 5S 管理要求
评价建议	（1）知识的评价方法应采取以自评为主，小组评价为辅 （2）通过学生自评来使其反思自己的学习过程，找到自己知识方面的不足之处 （3）利用小组评价来整体把握学生对知识的掌握情况，根据反馈进行补充讲解
教学建议	（1）采取讲练结合和分组教学的教学方法 （2）把理论知识融入操作过程中，在教学过程中应以点带面进行分组教学，来达到教学目的 （3）在评价环节采用自评和组评，通过评价的反馈来查缺补漏进行针对性知识的讲解

表 5-87　任务 14——拆装汽车制动器（6 学时）

学习内容	（1）汽车制动系统的作用、组成及类型 （2）制动系统工作原理 （3）地面制动力、制动器制动力与附着力之间的关系及产生的制动效果 （4）制动器的类型、结构特点及工作原理 （5）液压制动系统的组成、工作原理及真空助力器的结构特点 （6）制动器的拆装
学习标准	（1）掌握汽车制动系统的作用、组成及类型 （2）了解制动系统的工作原理 （3）能描述地面制动力、制动器制动力与附着力之间的关系及产生的制动效果 （4）了解制动器的结构特点及类型 （5）理解液压制动系统的工作原理及真空助力器的工作原理 （6）拆装鼓式制动器和盘式制动器
学习建议	（1）在学习过程中要注重知识和方法的提炼，通过反复操作来巩固知识和技能要点 （2）结合教学用车，观察鼓式和盘式制动器的不同点
评价建议	（1）评价环节要着重体现对学生能力方面的评价，通过学生的操作评价来反馈其技能的提高和达到的水平 （2）理论评价可以采用随机提问或者问卷调查的方式，评价方式尽可能多样化
教学建议	（1）教学内容以项目教学和任务驱动教学为主 （2）在教学中应运用讲演法、头脑风暴法、分组教学法等教学方法 （3）把教学环节设计成理论和实操训练环节 （4）利用多样的教学手段帮助学生理解和掌握知识与技能

5. 方法与手段

（1）教学方法　为使课程教学准确反映学习领域的内容和排序，实现具体的教学情境，体现工作过程系统化课程的特点，教学方法以项目教学的模式作为总体框架。师生通过共同实施一个完整的“项目”工作任务，体现工作过程系统课程的特点。每一个项目的具体教学方法主要采用引导问题教学法，用引导问题来帮助学生重点理解和掌握知识点，并结合企业现场教学法、小组讨论教学法及任务驱动教学法，加强操作训练，把企业生产活动中的典型案例和情境融入日常教学中，以生活中汽车的使用性能及故障为案例，在实践中学会分析问题、解决问题。本课程以小组学习的方式进行组织教学，4~5 个学生为一组，教学中采取灵活的教学方法，启发和引导学生，给学生更多的思维活动空间，发挥教与学两方面的积极性。要结合教学内容的特点，培养学生独立学习的习惯，努力提高学生的自学能力，重视对学生学习方法的培养。课堂上应采用多媒体教学课件、汽车与发动机实物、解剖件等现代化教学手段，提高学生的学习兴趣、拓展学习方法，使学生可以有更多的途径获取知识和技能。教学中尽量遵循企业的工艺规范，实训场地设有工具、仪表间和器材及配件间等，应有专人负责管理。在学习过程中尽量设置与企业一致的工作环境、工作步骤和5S 管理要求。

（2）教学手段　采用实训设备进行教学。

6. 实践条件

汽车装调实训室。

7. 评价方法

在评价过程中注重学生在每个项目中的学习态度以及工作任务完成情况的考核，形式以自我评价、小组互评、教师评价相结合。

1）改变传统的学生评价手段和方法，采用阶段评价、目标评价、项目评价、理论与实践一体化评价模式。

2）关注评价的多元性，结合课堂提问、学生作业、平时测验、实验实训、综合实践及考试情况，综合评价学生成绩。

3）应注重学生动手能力和实践中分析问题、解决问题能力的考核，对在学习和应用上有创新的学生应给予特别鼓励，综合评价学生的能力。

建议评价内容、标准和各部分权重参见表5-88。

表5-88　评价内容、评价标准、权重

序号	评价内容	评价标准	权重
1	任务评价	针对每个学习情境中的个人表现和个人在小组中的表现，以及小组整体表现来综合评价（自评、互评、教师评价）	30%
2	纪律考勤评价	根据每人的日常纪律和出勤情况来对学生个体进行评价	10%
3	阶段评价	根据每人的作业、分组测验和学习日志来进行评价	30%
4	总结性评价（期末考试）	根据学生的期末成绩所占比重来进行期末评价	30%

8. 教学资源

（1）教材

1）杨青勇. 汽车构造. 广州：华南理工大学出版社。

2）陈家瑞. 汽车构造. 北京：机械工业出版社，2009。

3）细川武志．汽车构造图册．北京：人民交通出版社，2009。

（2）学材　教学用轿车技术手册。

（3）教学多媒体　《汽车构造》多媒体课件，以及汽车制造生产的多媒体影片。

5.3.2　汽车机械传动原理

1. 课程定位

“汽车机械传动原理”是职业4级的一门专业基础课程。其任务主要是系统讲授“机械制图”“工程力学”“机械基础”三门课程的部分知识以及部分液压传动的入门知识。主要培养学生有关机械类相关课程的专业基础知识，使得学生能够掌握现代汽车制造中机械类的相关工艺知识。同时可以通过本门课程的学习具备一定的基础理论，能够满足后续专业课相的学习要求，奠定持续发展的基础。

2. 课程目标

通过本课程的学习，学生应能系统掌握制图相关知识，识读零件图与装配图，并进行简单零件的基本受力分析，了解汽车典型零件的结构与维修工作规范及日常维护的工作内容，掌握汽车典型机构如变速器等功能部件的故障排除方法以及常用维修工具的正确使用，培养学生综合运用知识解决问题的能力和交流协作能力，养成严谨、规范的工作习惯。同时，培养学生安全生产、成本控制、协调合作的意识，使学生具备汽车检测与维修专业的基本职业素质和职业能力。

3. 教学起点

学生已完成“奔驰车模制作与装配”的课相学习，同时正在进行“电动小车制作与装配”课相的学习。学生已具备一定的识读机械图的能力，但知识掌握得仍不够系统。

4. 内容与要求

（1）教学内容　根据职业4级的人才培养目标的要求，考虑从事汽车制造相关岗位工作的需要，选取了相关内容。

（2）内容排序　遵循学生认知规律和职业能力培养基本规律，以工作任务从简单到复杂，知识和技能由浅入深渗透到学生的工作过程中为依据，合理序化教学内容，安排学习任务，培养学生职业素养和职业能力。

（3）教学结构表　教学结构表内容见表5-89～表5-91。

表5-89　任务1——识图常识（20学时）

学习内容	（1）正投影与三视图 （2）图示与标准 （3）零件图与装配图
学习标准	（1）了解投影的概念 （2）掌握三视图投影的原则 （3）了解国家标准的概念 （4）掌握图样中常用的图示与标准的含义 （5）能识读零件图 （6）能识读简单的装配图
评价建议	本部分的讲解应结合学校设备的特点，介绍一些新的学习方法，如小组学习法、海报法等
教学建议	本部分的教学要采用多种教学手段穿插结合的方式，激发学生的学习兴趣

表 5-90　任务 2——汽车常用机构（30 学时）

学习内容	（1）机构常识 （2）汽车常见四杆机构 （3）汽车配气机构 （4）汽车轮系
学习标准	（1）了解机械、机器等名词的含义 （2）了解四杆机构的组成与工作原理 （3）掌握汽车中常用四杆机构的应用场合 （4）掌握凸轮机构的特点及在汽车中的应用 （5）掌握齿轮的各部分名称及尺寸的计算公式 （6）了解齿轮的生产工艺和生产过程 （7）了解齿轮的失效形式和造成失效的原因 （8）能区分定轴轮系与周转轮系 （9）能计算定轴轮系的传动比，并确定输出轮转向 （10）掌握转化轮系的概念
评价建议	要对学生课上的表现进行全面评价，包括知识点的准备、教材的阅读、知识点的组内讨论等，教师要在此基础上给予适当指导
教学建议	本部分内容应采取小组讨论的方式学习，教师给出问题后先在组内讨论，然后组内再进行宣讲，教师则根据情况选出同学在班内宣讲，并根据情况予以补充，这样可以充分调动学生的学习积极性

表 5-91　任务 3——汽车典型零件（28 学时）

学习内容	（1）钢材概述 （2）金属的力学性能 （3）钢的热处理 （4）链传动的基本设计 （5）螺纹与螺纹连接 （6）键连接 （7）轴承 （8）弹簧 （9）铸铁与钢材在结构上的区别 （10）气缸与气缸套的生产与检测 （11）铝及铝合金零件 （12）铜及铜合金零件 （13）滑动轴承 （14）带传动
学习标准	（1）了解钢材的基本分类原则，能根据不同的使用条件选择适当的材料 （2）能分析金属的力学性能曲线 （3）了解常用金属材料热处理的工艺和作用 （4）掌握链传动的基本特性与设计方法，能校核链的松紧 （5）会画螺纹，能分清螺纹的类型 （6）能区分键的形式，并根据工况选择合适的键连接

（续）

学习标准	（7）能区分不同的轴承代号，并根据代号找到相应的实物 （8）能在工程图样中正确表达轴承等元件 （9）了解弹簧在汽车中的作用和应用场合 （10）了解铸铁与钢材在分子结构上的不同 （11）了解气缸与气缸套在生产与检测上的特别之处 （12）了解检测工具的使用方法 （13）了解铝、铜为主的有色金属类零件在汽车上的应用 （14）掌握滑动轴承与滚动轴承的区别 （15）掌握带传动的类型、特点及基本设计方法
评价建议	本单元应采取小组教学的形式，结合实物，让学生实现由感性到理性的认知过程；知识点的学习以学生自主学习为主，教师只起引导作用
教学建议	本部分的教学宜采用多种教学手段穿插结合的方式，如多媒体、实物、教具与讲解穿插，使学生容易接受，激发学生的学习兴趣

5. 方法与手段

（1）教学方法

1）多媒体教学法。采用多媒体教学法具有教学形象、生动、信息量大的特点。教师通过PPT课件详细讲述各部分的教学内容，使学生能迅速理解、牢固掌握所学知识。

2）网络教学法。本课程提供了立体化的信息通道，如电子教材、PPT课件、实物、图片等，还可以通过网络让学生自主查阅相关学习资料。

3）团队教学法（小组讨论和工作、小组汇报）。本课程学习采用个别化学习方式、讨论和探究学习方式和协作学习方式的组合。学生以小组（6人/组）协作学习的方式完成任务。每组学生针对同一任务内容可彼此交互和合作，在协同完成任务的过程中，学生可以是学习者也可以是指导者，角色可以互换。最终以最优答案完成此任务的学习。

（2）教学手段　本课程的理论性较强，各部分的教学均应注意尽量与实际相结合，避免枯燥的课堂教学。每单元均应在讲解的基础上结合实物、模型、录像等教学手段，增加学生的感性认识，提高教学质量。

6. 实践条件

本课程可利用学校现有的丰富教学资源，如各类汽修实训室、互联网、网络课程校园局域网平台等进行辅助教学。

7. 评价方法

本课程的考核模式采用形成性考核与终结性考核相结合的模式，注重考核内容的多角度与多层面，培养学生综合运用知识的能力，力争全面反映学生本门课程的学习情况。

形成性考核部分（40%）主要包括出勤与课堂表现、作业情况以及单元测验情况；终结性考核部分（60%）主要包括期末考试。

8. 教学资源

（1）教材　凤勇. 汽车机械传动原理. 北京：人民交通出版社。

（2）学材　王京. 机械基础. 北京：中国铁道出版社.

（3）教学多媒体　投影、多媒体教学设施，网络课程等。

5.3.3 工业机器人应用与维护

1. 课程定位

“工业机器人应用与维护”是职业4级必修的一门专业理论课，该课程通过对工业机器人结构系统分析、工业机器人各轴操作、工业机器人的坐标系统、工业机器人轨迹规划、工业机器人程序设计等知识点的学习，来定向培养学生在奔驰汽车生产制造过程中对工业机器人的使用、调试、维修等实际工作中应具备的基本职业能力，使其具备规范的操作技能和良好的职业素养，提升学生的就业优势。

本课程在三年学制第四学期进行，前导课程是“自动送料站搭建与调试1”“自动送料站搭建与调试2”“自动送料站搭建与调试3”“计算机应用基础”、“电动小车制作与装配1”等专业课程。本课程的专业性强，实践操作能力要求较高，为并行课程“电动小车制作与装配2”“汽车机械传动原理”等后续课程的学习奠定良好的理论知识和技能基础。

2. 课程目标

“工业机器人应用与维护”课程的主要任务是使学生具备必要的简单电气线路设计、工业机器人手动和自动操作方法、工业机器人程序设计、工业机器人的各轴运动、工业机器人运行的轨迹规划、利用工业机器人工作站进行完整的工艺操作等理论知识及相应的实践操作技能，培养汽车生产制造过程中从事工业机器人工作站的使用，自动生产线的检修和维护等人员的职业能力，使其形成规范的操作意识和良好的职业素养。

3. 教学起点

本课程面向的是三年学制二年级的职业4级学生，在学习本课程之前学生已经系统地学过“自动送料站搭建与调试1”“自动送料站搭建与调试2”“自动送料站搭建与调试3”“计算机应用基础”“电动小车制作与装配1”等课程，学生已具备相应的知识和能力。

4. 内容与要求

（1）教学内容　本课程听取了汽车制造企业的专家和管理人员的建议，根据职业4级的人才培养目标的要求，从汽车生产线自动控制、汽车制造四大工艺、汽车制造生产线的调试和维修等岗位的职业能力需求出发，以实现工业机器人调试、汽车制造生产线维护等职业技能的训练，以机械电子专业基础知识等为依据确定教学内容。结合汽车制造过程中的典型生产场景设计了八个学习情境，使学生在汽车制造生产线上能够对工业机器人进行使用和调试、轨迹规划、维护和检修等。本课程的部分知识点可以为学生考取机电设备维修技师提供知识基础。

（2）内容排序　遵循学生的认知规律，结合职业能力发展需求以及知识点前后衔接等方面因素，从认识工业机器人到机器人系统结构分析，再到工业机器人控制和轨迹规划程序设计，最后到机器人工作站的使用与维护。由简单到复杂，理论联系实际，合理序化教学内容，培养学生的综合能力。

（3）教学结构表　教学结构表内容见表5-92～表5-99。

表5-92　任务1——基础认知（4学时）

学习内容	（1）工业机器人的各种参数和型号 （2）工业机器人系统的组成 （3）工业机器人的六个自由度 （4）工业机器人工作站的安全操作规程

（续）

学习标准	（1）基本了解工业机器人的常用参数和型号 （2）理解工业机器人系统的各个组成部分 （3）熟知工业机器人的各个自由度及运动范围 （4）熟悉劳动事故发生的原因，并遵守劳动安全和用电安全规程
学习建议	本部分知识比较偏理论性，在学习过程中要针对典型的系统进行观察和识记，并通过操作进行反馈记忆
评价建议	（1）通过问卷调查或者提问的方式来检验学生的理论知识掌握情况 （2）通过小组操作工业机器人来观察学生的实践技能掌握情况 （3）教师观察学生是否遵守安全操作规程以及正确的工作流程
教学建议	采用理论讲授和任务驱动相结合的教学方法，建议教师注重对学生自主学习能力的培养，激发学生的专业兴趣，初步形成认真踏实的工作作风

表 5-93　任务 2——基本操作（8 学时）

学习内容	（1）工业机器人的坐标系统（大地坐标、轴坐标、基坐标、工具坐标） （2）工业机器人的运行方式（手动、自动） （3）工业机器人的单轴运动 （4）工业机器人的线性运动
学习标准	（1）明确各轴的运行正负方向 （2）熟知工业机器人的坐标系统，并能使机器人在各个坐标系下运动 （3）掌握工业机器人的各种运行方式 （4）能让机器人按照复杂的轨迹进行运动 （5）掌握紧急情况下故障的诊断与恢复，学会使用紧急停止按钮
学习建议	工业机器人的基本操作是本课程的入门操作知识，学生须掌握工业机器人各操作要领，熟悉工业机器人的坐标系统，要在学习过程中多动手进行实践，对于必要的理论知识要做笔记并强化记忆，课后要进行针对性的巩固练习
评价建议	（1）通过学生的实践操作情况进行针对性的评价，不同的操作环节进行独立的评价，切忌只采用一种评价方式 （2）对于理论知识的评价可以采用提问或者故意设置陷阱的方式，通过学生对故障的诊断和排除来判断学生对于理论知识的掌握情况
教学建议	本部分教学内容采用讲练结合的教学模式，采用以任务驱动、讲演、故障诊断与排除的教学方法，建议教师注重对学生独立实践操作能力的培养，培养学生细致、认真的工作作风以及主动发现问题和解决问题的意识

表 5-94　任务 3——重定位运动（12 学时）

学习内容	（1）工业机器人高级运行方式（重定位、线性）的设定 （2）建立工具坐标系和工件坐标系 （3）复杂路径的规划与设计 （4）工业机器人多轴运动

（续）

学习标准	（1）学会设置重定位运行方式的步骤（四个参考点加两个自由度） （2）能操作机器人按照重定位和线性方式进行运动 （3）能建立工具坐标系和工件坐标系 （4）熟练操作机器人的各轴进行复杂轨迹的运行
学习建议	高级操作知识是基本操作的延续，所有的高级操作技能是在基本操作的基础上进行的拓展，在学习本部分知识时要强调独立操作的意识，把复杂问题简单化
评价建议	本部分知识的评价要突出实践操作环节的重要性，评价环节既要评价整体，也要兼顾到对个体的评价，即采用小组评价和个人评价相结合的评价方式
教学建议	本部分教学内容采取项目教学和任务驱动相结合的教学方法，通过对既定任务的完成来达到掌握技能操作的目的，设计的任务和情境尽量要真实可行，同时建议教师注重对学生团队配合意识的培养

表 5-95　任务 4——程序指令（8 学时）

学习内容	（1）程序指令 （2）程序指令参数设置 （3）其他常用指令
学习标准	（1）熟悉三种常用的指令，并明确其使用方法 （2）明确指令的各个参数的意义，并能进行正确合理的设置 （3）掌握 Fine 和 Z 值两种逼近方式的使用 （4）能利用相关资料来使用其他的指令
学习建议	本部分知识偏理论性，指令类型和指令格式需要强化记忆，也可将指令知识融入操作中来理解。在学习过程中要尽可能多操作，可以采用机器人示教编程、单步执行程序指令的方法来掌握指令具体含义
评价建议	本部分知识的评价方法应采取以自评为主，小组评价为辅；通过学生自评来使其反思自己的学习过程，找到自己知识方面的不足，利用小组评价来整体把握学生对知识的掌握情况，根据反馈进行补充讲解
教学建议	本部分教学内容采取讲练结合和分组教学的教学方法，把理论知识融入操作过程中，在教学过程中应以点带面分组教学来达到教学目的，同时建议教师在评价环节采用自评和组评，通过评价的反馈来查缺补漏进行针对性知识的讲解

表 5-96　任务 5——自动画几何图形（12 学时）

学习内容	（1）RAPID 程序设计格式 （2）建立工业机器人任务 （3）模块建立（module） （4）例程序建立（routine） （5）变量的声明
学习标准	（1）了解 RAPID 程序的格式 （2）掌握模块和例程序的建立过程 （3）熟悉模块和例程序的调试方法 （4）能利用所学知识调试程序，让机器人按照程序指令来运动

（续）

学习建议	本部分知识的学习和技能的训练必须在熟练掌握理论知识的基础上才能进行，在学习过程中要注重知识和方法的提炼，通过反复操作来巩固知识和技能要点
评价建议	评价环节要着重体现对学生能力方面的评价，通过学生的操作评价来反馈其技能的提高和达到的水平；理论评价可以采用随机提问或者问卷调查的方式，评价方式尽可能多样化
教学建议	本部分教学内容以项目教学和任务驱动教学为主，在教学中应运用讲演法、头脑风暴法、分组教学法等教学方法，把教学环节设计成理论和实操训练环节，利用多样的教学手段帮助学生理解和掌握知识与技能

表 5-97　任务 6——自动搬运和自动涂胶（12 学时）

学习内容	（1）RAPID 程序结构的应用 （2）工业机器人高级编程技术 （3）输入、输出信号的控制 （4）程序子模块的调用 （5）复杂轨迹中的示教编程
学习标准	（1）能根据任务要求设计完整的程序模块 （2）合理规划工业机器人的路径，优化机器人的运行轨迹 （3）掌握机器人输入、输出信号的控制方法 （4）会用示教器进行各种指令编辑 （5）学会在主程序中调用子程序的方法
学习建议	在学习本部分知识时要发挥主观能动性，自主完成工业机器人从任务规划到路径设计，再到示教编程，最后完成操作的任务；通过实践操作学会指令的编辑，子模块的调用，输入、输出信号的控制和使用等
评价建议	对学生的评价尽量全面和客观；可利用完成一项既定任务进行整体评价，从学生的理论设计到实践操作各个环节进行全面细致的评价，也可以作为期中评价；评价方式以小组评价和个体评价相结合，让学生进行相应的陈述性答辩
教学建议	本部分教学内容应突出学生主体，采用典型的任务驱动教学法；在教学过程中把教学任务融入典型的项目中，以任务 5 中所学的理论知识为基础完成项目，进而达到提高技能的目标

表 5-98　任务 7——搬运工作站（4 学时）

学习内容	（1）搬运工业机器人工作站的设计与组成 （2）气动手爪搬运方式的原理及传感器信号的使用 （3）吸盘吸附搬运的原理及脉冲信号的应用 （4）工业机器人的轨迹设计 （5）安全操作
学习标准	（1）理解工作站的设计与工作原理 （2）会编写子程序控制气动手爪的打开与关闭 （3）会编写开气和关气的子程序模块，并在主程序中调用 （4）掌握脉冲信号在编程中的使用 （5）掌握机器人工作站的安全操作规程
学习建议	学习本部分知识应从工作站的任务需求入手，进而理解工作站的设计原理，了解输入、输出信号的控制与调用，最后编程建立相应的主模块和子程序，这样就能把整个工作站的知识都完全掌握

（续）

评价建议	应突出对学生综合能力的评价，从设计思路到路径优化，再到编程完成任务，以及工作站的安全操作，都应作为评价指标。评价方式采用整体评价与个体评价相结合
教学建议	本部分教学内容注重对工业机器人工作站整体知识的学习和运用，培养学生的综合实践技能，在教学中以项目教学和任务驱动为主要手段，突出学生为主体，以小组为单位来完成工作站的相关任务，并贯彻安全操作的意识

表 5-99　任务 8——涂胶工作站（4 学时）

学习内容	（1）涂胶工业机器人工作站的设计与组成 （2）汽车风窗玻璃涂胶的原理和路径设计 （3）灯壳涂胶的原理和路径设计 （4）路径的逼近方式 （5）安全操作
学习标准	（1）理解工作站的设计与工作原理 （2）会编写子程序控制涂胶 （3）设计弧线路径并保持机器人的姿态不变 （4）合理应用机器人的重定位运行方式 （5）掌握机器人工作站的安全操作规程
学习建议	学习本部分知识应从工作站的任务需求入手，进而理解工作站的设计原理，熟悉重定位的运行方式并加以应用，最后编程建立相应的主模块和子程序，这样就能把整个工作站的知识都完全掌握
评价建议	应突出对学生综合能力的评价，从设计思路到路径优化，再到编程完成任务，以及工作站的安全操作，都应作为评价指标。评价方式采用整体评价与个体评价相结合
教学建议	本部分教学内容应注重对工业机器人工作站整体知识的学习和运用，培养学生的综合实践技能，在教学中以项目教学和任务驱动为主要手段，突出学生为主体。以小组为单位来完成工作站的相关任务，并贯彻安全操作的意识

5. 方法与手段

（1）教学方法　在教学过程中建议采用讲演法、任务驱动法、案例教学法、分组教学法、现场教学法等教学方法；每个学习情境结合企业现场教学法、小组讨论教学法及任务驱动教学法，加强操作训练；把汽车制造企业生产活动中的典型案例和情境融入日常教学中；以企业生产过程中实际发生过的机器人系统故障作为案例，在实践中学会分析问题、解决问题。

（2）教学手段　除了运用板书讲解等教学手段外，本课程还应采用多媒体教学课件、机器人仿真软件、机器人学习网站、视频演示等现代化教学手段，以激发学生的学习兴趣、拓展学习方法，使学生可以有更多的途径来获取知识和技能。

6. 实践条件

工业机器人培训教室、定位焊机器人实训室、弧焊机器人实训室、喷漆机器人实训室、机器人冲压自动生产线，以及装有仿真软件的计算机机房。

7. 评价方法

本课程为考试课，在评价过程中应注重学生在每个项目中的学习态度、工作完成情况的考核，形式以自我评价、小组互评、教师评价相结合。

1）改变传统的一次考试评价学生的方法，采用过程评价与总结性评价相结合的评价方法。

2）实行多元评价方式，结合课堂提问、学生作业、平时测验、纪律出勤、综合实践及考试情况，综合评价学生成绩。

3）应注重学生动手能力和实践中分析问题、解决问题能力的考核，对在学习和应用上有创新的学生应给予特别鼓励，全面综合评价学生能力。总成绩计算方式如下：

总成绩 = 任务评价（30%）+ 纪律考勤评价（10%）+ 阶段评价（30%）+ 总结性评价（30%）

8. 教学资源

（1）教材

1）叶晖，管小清．工业机器人实操与应用技巧．北京：机械工业出版社，2009，ISBN：978-7-111-31742-5。

2）刘极峰，易际明．机器人技术基础．北京：高等教育出版社，2006，ISBN：978-7-040-19305-3。

（2）学材

1）ABB 工业机器人培训教程（初级 + 中级）；ABB 工业机器人使用手册（中文 + 英文）；工业机器人工作站的技术资料、操作说明书及图样。

2）北京奔驰汽车有限公司提供的实际生产线的技术资料、操作说明书及图样。

（3）教学多媒体

1）电子课件（PPT）：配合本课程自制教学课件；企业生产使用工业机器人的教学录像片。

2）ABB 工业机器人学习网站：http://www.robotpartner.cn。

5.3.4　精益生产系统

1. 课程定位

“精益生产系统简介”是职业 4 级的专业课程，课程开设在第四学期。本课程是针对北京奔驰汽车有限公司的实际情况以及学生毕业后所面临的工作岗位要求，在校企合作的基础上由企业和学校共同开发的一门专业课程。本课程更加注重实践技能，主要包括精益生产系统概述、5S 可视化管理、标准化生产、质量控制、拉动生产系统、持续改善六个学习任务。以汽车装调工、汽车焊装工、质检员、冲压工等相关工作岗位的职业能力要求为目标，其任务是使学生能够按照企业要求和安全生产规范进行操作，具有识读工艺文件、工艺卡作业指导书的能力；具有一定的专业英语知识，能够识别北京奔驰汽车有限公司汽车生产中常用的英文缩写含义。本课程训练学生用所学过的理论知识分析解决实际问题的方法和思路，以及现场生产管理与质量控制等方面的职业素养和职业力，提高学生的岗位竞争力。本课程的前导课程主要包括“奔驰车模制造与装配 1”“奔驰车模制造与装配 2”“奔驰车模制造与装配 3”“电动小车制作与装配 1”“汽车拆装与调试”，后续课程主要是“毕业实践项目”和

“顶岗实习”，具有很强的实用性和实践性。

2. 课程目标

通过本课程的学习，学生应能按照企业5S管理要求进行生产管理并按照安全生产规范进行操作，使学生具有综合运用所学知识解决问题的能力和交流协作能力，以及严谨、规范的工作习惯和安全生产、成本控制、协调合作的意识。

3. 教学起点

前导课程为“奔驰车模制造与装配1”“奔驰车模制造与装配2”“奔驰车模制造与装配3”“电动小车制作与装配1”“汽车拆装与调试”。通过前三个学期的学习，学生已完成奔驰车模的制作，并已具备相应的知识和能力。

由于本课程内容的理论性和实用性均较强，学生可能会在学习理论知识和完成工作任务等方面遇到一些困难。

4. 内容与要求

（1）教学内容

1）以北京奔驰汽车有限公司对毕业生的要求为原则选择学习内容。本学期是学生在校的最后一个学期，学生很快面临顶岗实习，而且本课程也是北京奔驰汽车有限公司内部实行的管理系统，有很强的专业性与针对性。因此，学习内容的选取要在与奔驰公司人力资源与培训部门协商的基础上共同确定。

2）以岗位需求为导向设计教学过程。根据企业调研进行本课程的建设，教学过程以学生即将实习岗位的需求展开，对于和学生今后工作紧密相关的内容如可视化管理、标准化生产进行详细讲解，并辅以大量图片说明北京奔驰汽车有限公司的运行情况。

（2）内容排序　教学内容的安排以学生的认知规律为基础，按照北京奔驰汽车有限公司精益生产系统模块安排内容。首先介绍精益生产系统，然后进行可视化管理的教学，再依次讲授标准化生产、质量控制、拉动生产系统的内容，最后介绍持续改善的内容。

（3）教学结构表　教学结构表内容见表5-100～表5-105。

表5-100　任务1——精益生产系统概述（4学时）

学习内容	（1）结合奔驰博物馆的照片学习奔驰公司的发展历史 （2）精益生产的含义及来源 （3）BBOS的含义及作用，了解北京奔驰汽车有限公司中BBOS系统的广泛应用
学习标准	（1）能简述奔驰公司的发展历史，初步培养学生对企业的情感 （2）能说明精益生产的起源、用途以及在不同企业中的应用 （3）能说明为何要在奔驰公司中应用BBOS管理系统
学习建议	本任务主要在于激发学生的学习兴趣，介绍本门课程在企业中的应用场合及其重要作用。学习中要充分利用现有的教学资源，通过大量的图片展示学习所讲内容
评价建议	本任务的评价方法主要采用的是教师评价，学生对所查阅的资料进行展示，然后教师对其讲演的过程进行评价；此外教师还要对学生的总结文稿进行点评
教学建议	本任务在教学过程中应采用讲授与学生查询并举的方法，学生对于本课程的内容没有了解，因此要通过讲授的方法进行初步介绍，同时还要让学生利用网络等资源进行资料查询，让学生认识到精益生产系统应用的广泛性

表 5-101　任务 2——5S 可视化管理（8 学时）

学习内容	（1）5S 可视化管理系统的起源、含义及应用 （2）奔驰公司生产系统的可视化管理 （3）清理的含义及应用场合 （4）整理的含义及应用场合 （5）清扫的含义及应用场合 （6）清洁的含义及应用场合 （7）维持的含义及应用场合
学习标准	（1）能区分 5S 可视化管理系统的内容及含义 （2）能发现现场存在的不合理生产因素 （3）能对生产现场进行符合要求的可视化管理规划 （4）能根据生产情况对已经实施的可视化管理进行进一步修正，以提高其生产效率 （5）能对已经实施的可视化管理工作进行维持
学习建议	本任务的学习应采用理论结合实践的方法，一方面讲授可视化管理的原则和内容，另一方面要对本班的教室及生产班的库房进行可视化管理的改造，并通过改造前后的照片对比了解改造的成果。同时按照照片进行维持，并通过学习日志记录改造前后的使用心得
评价建议	（1）通过工作页评价学生在对教室及库房的可视化管理改造过程中的表现 （2）评价学生在工作中的表现，即团队合作、解决困难等职业能力 （3）评价学生的理论学习及周记的表现，主要评价学生的课堂表现及周记记录的认真程度
教学建议	本部分的教学应采用理实一体化的形式，即理论上介绍可视化管理的起源、含义和在奔驰公司生产线上的应用；实操部分则是对目前学校内的部分场地进行可视化管理的改造。一方面对于学习的理论进行应用实践，另一方面也可以提高学校内部分实习实训场地的使用效率

表 5-102　任务 3——标准化生产（6 学时）

学习内容	（1）标准化生产的含义、目的及应用 （2）标准化生产的几大优点 （3）标准化工作的生产要素 （4）奔驰公司常用的几种生产用标准化表单的组成与使用方法 （5）四步培训法的含义及应用 （6）填写培训日志及技能环 （7）线边标准的含义及应用
学习标准	（1）能解释标准化生产的含义及标准化生产的作用 （2）能解释标准化生产的相关定义 （3）能区分奔驰公司线边常用文档的作用，并能进行双语表单的识读与简单填写 （4）能按照四步法接受培训并进行简单的培训工作 （5）能利用培训日志与技能环进行培训总结
学习建议	（1）本单元的学习应强调英文词汇和缩写的记忆，由于本单元中涉及的生产线边文件都来自企业，因此掌握相关专业英语对于学生今后工作具有很大帮助 （2）本单元的四步培训法是目前各大企业常用的，也应掌握其原理与培训总结方法

（续）

评价建议	（1）通过工作页对学生在四步培训法中的表现进行评价 （2）通过学生完成填写相关的培训日志及技能环考评学生的表达能力与客观的自我评价能力 （3）通过相关线边表单的填写与识读，考查学生对于表单应用的掌握情况及英文缩写的掌握情况
教学建议	（1）本部分的教学内容主要以奔驰公司线边文献为主线，因此在教学过程中最好安排一次企业参观。若无法实现，则应引用大量图片进行说明，避免使课堂变成枯燥的表格填写讲解或英文讲解 （2）对于四步培训法则应注重教会学生如何接受培训的同时还要学会如何进行培训

表 5-103　任务 4——质量控制（4 学时）

学习内容	（1）客户满意的概念与质量控制的关系 （2）通过质量控制实现奔驰汽车的高品质生产 （3）质量控制对奔驰公司员工的要求 （4）学习避免在可能出错的地方出错 （5）通过创建质量控制给奔驰汽车质量带来的好处
学习标准	（1）能说明客户满意的基本概念 （2）能根据客户满意的条件进行生产设计 （3）能以奔驰公司员工的标准对手中的零件或产品进行质量合格与否的判定 （4）能通过意识、检测、预防等途径避免错误的发生 （5）能说明奔驰汽车的质量控制环
学习建议	本任务的学习主要是通过课堂实践活动和软技能活动让学生了解在客户满意的前提下进行质量控制的方法，特别是避免错误出现的方法。此外，还要介绍奔驰公司内部质量控制环的含义及运作方式。学习中主要采用小组学习的方式来激发学生的积极性与学习兴趣
评价建议	（1）课堂活动页评价，通过学生完成课堂活动的情况，参照活动页的评价标准让学生进行自评与小组评价，教师审核把关 （2）评价学生的理论学习及工作日志的表现，主要评价学生的上课表现及工作日志记录的认真程度
教学建议	（1）本任务的教学主要是理论学习为主，辅以一定数量的课堂活动或软技能活动，让学生体会客户满意与质量控制的关系 （2）奔驰公司质量控制环的介绍则以讲解为主，辅以奔驰汽车生产线的实际图片帮助学生理解

表 5-104　任务 5——拉动生产系统（4 学时）

学习内容	（1）使用拉动生产系统的原因及优点 （2）拉动生产系统的含义及其与推动生产系统的区别 （3）拉动生产系统与 BBOS 系统中其他模块的关系 （4）拉动生产系统的几个基本工具 （5）小件流程的含义及其运行方式 （6）大件流程的含义及其运行方式 （7）拉动生产系统中的其他工具，如排序等 （8）拉动生产系统实例介绍，如分装 （9）线边标准的含义及常见应用

（续）

学习标准	（1）能对比拉动生产系统与推动生产系统的区别，并列举其优缺点 （2）能将拉动生产系统与BBOS系统中的其他模块相联系，总结出拉动生产系统的特点 （3）能阐述拉动生产系统的几个基本工具的内容 （4）能使用小件流程安排零件供应 （5）能使用大件流程安排零件供应 （6）能按照奔驰公司线边标准进行生产零件的供应设计
学习建议	在本任务的学习中学生将接触一种全新的生产理念，其中新的概念较多，学习有可能比较枯燥，教师要结合图片、视频、课件等进行讲解，激发学生的学习兴趣。学习时还应及时记录本任务讲解的相关内容，将来进入奔驰公司工作岗位后可以与讲解的内容相印证
评价建议	（1）通过学生上课的表现评价学生的学习态度 （2）通过学生的作业或测验情况，评价学生对本任务内知识的掌握情况 （3）通过课堂活动页评价学生对拉动生产系统基本工具的运用情况
教学建议	本任务的教学内容主要以奔驰公司拉动生产系统为主线，因此在教学过程中最好安排一次企业参观，让学生实地考察拉动生产系统在奔驰公司生产线的应用以及线边各种标准的配置情况，若无法实现则应引用大量图片进行说明，避免使课堂变得枯燥。在照片引用过程中应注意奔驰公司内部资料的保密问题

表5-105　任务6——持续改善（6学时）

学习内容	（1）持续改善的含义 （2）持续改善的理念、目标与前提 （3）持续改善的入手点与关注点 （4）识别和消除八种浪费
学习标准	（1）能理解持续改善的重要意义 （2）能找到持续改善的入手点 （3）能识别企业中常见的八种浪费，并逐步进行改进
学习建议	本任务内容比较空乏，但对于学生自身职业生涯发展的意义重大，因此学习中要重点关注八种浪费的内容与避免方式，从而提高学生自身的职业素养，为今后工作打下基础
评价建议	（1）通过课堂活动页评价学生在寻找八种浪费的活动中的表现，采用自评与互评的方式进行 （2）通过作业与工作日志，评价学生的学习态度与积极程度
教学建议	本任务理论内容比较空乏，相对容易理解，但应用到实际比较困难，在教学中应多引入实例教学，同时开展课堂活动，在校园中寻找八种浪费，以达到锻炼学生的目的

5. 方法与手段

（1）教学方法　本课程的理论性较强，各部分的教学均应注意尽量与实际相结合，避免枯燥的课堂教学。每个学习任务均应在讲解的基础上结合实物、模型、录像等教学手段，增加学生的感性认识，提高教学质量。

为避免一味讲授造成的课堂枯燥，在讲授中要穿插问题的讨论，充分调动学生的学习积极性。学习中为避免讲解的内容过于空洞，应与北京奔驰汽车有限公司的实际工作岗位要求进行对比，并结合北京奔驰汽车有限公司的案例进行知识的讲解。

（2）教学手段　采用多媒体教学具有形象、生动、信息量大的特点。教师通过PPT详细讲述各部分教学内容，使学生能迅速理解、牢固掌握所学知识。通过图片展示，学生可对相关知识有更具体的认识，可以提高教学效果，弥补无法到现场参观的缺陷。

6. 实践条件

本课程依托北京奔驰汽车有限公司汽车生产线进行开发，主要依靠学校内现有的实训设备进行训练。课程内的几个模块具体实践条件列举如下：①可视化管理，可按照奔驰公司的要求对生产班的教室与库房进行改进；②标准化生产，可以改进车床与铣床的实训车间；③质量控制和拉动生产系统，针对乌尼莫克车模制作中存在的问题进行反思和总结；④持续改进，针对前几个学习任务进一步总结与提炼。

7. 评价方法

本课程以企业的标准要求学生，坚持实践为主的原则，在评价上应采用过程考核的考核方法，建立学生的发展性评价体系，不再将期末试卷成绩作为学习评定的主要参考依据，而是采用全方位的考核方式，每次授课都有成绩采集，让学生看到自己的进步。学生的成绩主要由四部分组成：①完成工作页任务分数（30%），每次实践课程均有相应的质量文件，对应的文件内容对个人工作情况予以考核，给出相应分数；②软技能分数（20%），即学生在学习与工作中表现出的团队合作能力、解决困难能力等，这是培养学生职业能力的重要环节；③作业和工作日志分数（20%），学生在学习期间要坚持总结学到的知识和进步，一方面方便学生复习相关知识，另一方面也可以锻炼学生的口头和书面表达能力，为学生日后进一步发展打下基础；④书面考核（30%），采用试卷的形式，闭卷考试，考查学生对该课程主要理论知识要点掌握情况，检验理论知识的教学目标完成情况。

8. 教学资源

（1）教材　北京奔驰汽车有限公司提供的员工培训讲义。该教材内容符合北京奔驰汽车有限公司对员工的要求，结构符合认知规律；教材从企业实际出发，通过任务提出、实例引入、知识讲解、分析提高的递进方式讲解。

（2）学材　电子教案、电子课件。

（3）教学多媒体

1）多媒体投影仪。播放课件、教学视频，实物投影等。

2）课件（PPT）。学生能高效地学到奔驰汽车生产制造系统（BBOS）的知识。

3）计算机网络。收集和查询所需要的知识信息，开放网络课程综合平台，培养学生自主学习的能力。

5.4 可选模块

5.4.1 汽车保养

1. 课程定位

“汽车保养”是职业 4 级的专业拓展课程。本课程以汽车制造、汽车维护等相关工作岗位的职业能力要求为目标，构建于“汽车拆装与调试”课程的基础之上。通过本课程的学习，学生能独立完成汽车维护工作，保持车辆正常行驶性能，以满足客户需求。在学习过程中培养与经理、同事沟通的能力，养成安全环保意识和质量意识，具有很强的实用性和实践性。

2. 课程目标

通过本课程的学习，学生应了解汽车的基本保养及机械维修的工作规范及日常维护的工作内容，掌握汽车发动机参数、功能部件和故障的排除方法以及常用维修工具和仪器、仪表的正确使用，培养学生综合运用知识解决问题的能力和交流协作的能力，养成严谨、规范的工作习惯，具有安全生产、成本控制、协调合作的意识，具备汽车发动机维护与维修的职业素质和职业能力。

3. 教学起点

通过以前课程的学习和对汽车的理解，学生已了解汽车在生活中的应用，在国民经济中的作用以及汽车专业的就业前景。

4. 内容与要求

（1）教学内容　内容主要选取汽车常用保养设备、工具、量具的操作使用方法，以及汽车各总成和功能的检查与维护方法。

（2）内容排序　遵循学生的认知规律，结合职业能力发展需求以及知识点前后衔接等方面因素，按照新车交车检验、查找车辆安全配置、客户接待外观检查、蓄电池维护、更换润滑油、车轮维护、整车维护的顺序进行教学。

（3）教学结构表　教学结构表内容见表 5-106 ~ 表 5-112。

表 5-106　任务 1——新车交车检验（6 学时）

学习内容	（1）车辆铭牌的识别 （2）车辆主要尺寸和性能参数 （3）到达经销商处车辆状态的验证 （4）交付用户前车辆正常工作状态的恢复 （5）交付用户前车辆功能的检验
学习标准	（1）能说明汽车型号编制规则 （2）能说明汽车的概念、汽车总体构造、总体布置形式、整车参数 （3）理解汽车行驶的基本原理 （4）能参阅汽车使用手册，说明汽车的主要功能
学习建议	查阅资料，拓宽知识面
评价建议	（1）自我评价内容：学习准备和计划实施的学习效果，工作页填写情况，汽车资料的使用，安全操作和安全意识 （2）小组评价内容：劳动保护能力，沟通和协作能力，5S 管理要求
教学建议	（1）建议安排学生在整车上进行工作 （2）注意汽车举升器的安全操作

表 5-107　任务 2——查找车辆安全配置（6 学时）

学习内容	（1）安全气囊的注意事项 （2）防抱死制动等装置的工作特点 （3）拆装蓄电池后，音响、中控门锁等功能的恢复方法 （4）汽车空调控制单元的匹配方法 （5）催化转化器性能的识别 （6）监测轮胎系统的工作特性

（续）

学习标准	（1）说明汽车安全气囊的结构和使用事项 （2）了解汽车制动系统的发展历史，说明汽车制动系统的工作原理 （3）说明蓄电池的总体构造 （4）理解空调的工作原理 （5）参阅汽车使用手册，说明催化转化器的主要性能和轮胎系统的工作特性
学习建议	结合实物学习
评价建议	（1）自我评价内容：学习准备和计划实施的学习效果，特别是作业步骤和学习的方法，工作页填写情况，安全操作的安全意识 （2）小组评价内容：表达能力，工作页填写情况，沟通和协作能力，5S 管理要求
教学建议	尽可能在整车上或发动机教具上工作，但要举例说明部分车型汽车部件的功能，或者汽车发动机的主要参数和工作原理等

表 5-108　任务 3——客户接待外观检查（6 学时）

学习内容	（1）礼貌礼仪和与客户沟通的技巧 （2）车辆外观检查信息记录文书 （3）客户接待工作流程 （4）客户接待管理软件
学习标准	（1）掌握使用礼貌礼仪和与客户沟通的技巧 （2）检查车辆外观信息记录文书 （3）熟记客户接待的工作流程 （4）能用客户接待管理软件
学习建议	通过情景模拟、角色扮演的方式来学习
评价建议	（1）自我评价内容：学习准备和计划实施的学习效果，工作页填写情况，资料的使用，安全操作和安全意识 （2）小组评价内容：质量意识和责任心，沟通和协作能力，5S 管理要求
教学建议	（1）在整车上完成此学习任务，也可在发动机、底盘台架上进行 （2）可利用发动机的零部件安排就车学习

表 5-109　任务 4——蓄电池维护

学习内容	（1）蓄电池的结构与型号规格 （2）蓄电池的容量及其影响因素，判断蓄电池状态 （3）蓄电池的充电模式 （4）充电机的使用方法和注意事项 （5）更换蓄电池的操作步骤
学习标准	（1）能说明蓄电池的结构与型号规格 （2）判断蓄电池的状态、蓄电池的容量及其影响因素 （3）蓄电池的充电模式 （4）使用充电机 （5）更换蓄电池

（续）

学习建议	利用实物进行仪器操作
评价建议	（1）自我评价内容：学习准备和计划实施的学习效果，工作页填写情况，资料的使用，安全操作和安全意识 （2）小组评价内容：系统的工作原理，检测的方法和质量，工作页填写情况，沟通和协作能力，5S管理要求
教学建议	（1）建议在整车上完成此学习任务，也可在发动机、底盘台架上进行 （2）可利用发动机的零部件安排就车学习

表 5-110　任务 5——更换润滑油（4 学时）

学习内容	（1）润滑油的品牌、性能及分类等相关知识 （2）更换发动机润滑油的操作过程 （3）润滑汽车底部零件的接触部位和相连部位 （4）润滑车身部件连接部位
学习标准	（1）说明润滑油的品牌、性能及分类 （2）更换发动机润滑油 （3）描述润滑汽车底部零件的接触部位和相连部位 （4）润滑车身部件的连接部位
学习建议	结合实物学习
评价建议	（1）自我评价内容：学习准备和计划实施的学习效果，工作页填写情况，资料的使用，安全操作和安全意识 （2）小组评价内容：系统的工作原理，检测的方法和质量，工作页填写情况，沟通和协作能力，5S管理要求
教学建议	（1）建议在整车上完成此学习任务，也可在发动机、底盘台架上进行 （2）可利用发动机的零部件安排就车学习

表 5-111　任务 6——车轮维护（4 学时）

学习内容	（1）车轮及轮胎结构与工作原理 （2）车轮的维护 （3）轮胎动平衡机的使用方法 （4）轮胎胎压检测方法 （5）车轮轴承润滑及润滑油品牌
学习标准	（1）说明车轮及轮胎结构与工作原理 （2）维护车轮 （3）检测轮胎胎压 （4）使用轮胎动平衡机 （5）说明车轮轴承润滑及润滑油的作用
学习建议	结合实物学习

（续）

评价建议	（1）自我评价内容：学习准备和计划实施的学习效果，工作页填写情况，资料的使用，安全操作和安全意识 （2）小组评价内容：系统的工作原理，检测的方法和质量，工作页填写情况，沟通和协作能力，5S管理要求
教学建议	（1）建议在整车上完成此学习任务，也可在底盘台架上进行 （2）可利用发动机的零部件安排就车学习

表5-112　任务7——整车维护（4学时）

学习内容	（1）基本维护操作知识 （2）工作安全知识 （3）定期维护的目的
学习标准	（1）说明基本维护操作的内容 （2）描述工作安全的要点 （3）说明定期维护的目的
学习建议	利用实物进行仪器操作
评价建议	（1）自我评价内容：学习准备和计划实施的学习效果，工作页填写情况，资料的使用，安全操作和安全意识 （2）小组评价内容：系统的工作原理，检测的方法和质量，工作页填写情况，沟通和协作能力，5S管理要求
教学建议	（1）建议在整车上完成此学习任务，也可在发动机、底盘台架上进行 （2）可利用发动机的零部件安排就车学习

5. 方法与手段

（1）教学方法　本课程主要培养学生实际工作中认识汽车出现的问题及解决问题的能力，建议采用理论与实践一体化的教学模式，在教学过程中采用任务驱动、项目教学法等“以工作过程为导向”的教学方法，运用多媒体、模型、实物展示等手段，以个人自主学习、小组讨论、角色扮演等多种方式调动学生的学习积极性。通过独立完成项目作业的方式培养学生的独立思考能力、创新能力和解决实际问题的能力。

（2）教学手段　在教学实施中，教学场所应设置理论教学区和实操教学区，最好在理论教学区中还能设置学习讨论区，配备课程中各学习任务所需的挂图、维修手册、维修资料、维修数据计算机查询系统等。为保证教学安全和实践效果，建议学生分组规模控制在4~5人/组，强调小组成员之间的协调工作。教师在讲授或演示教学中，尽量使用多媒体教学设备，配备丰富的课件、解剖总成或零部件等教学辅助设备。教学中还要通过多种方法强化工具、设备的使用、部件拆卸等常见的基本维修工作内容，以加强基本操作的规范性。

6. 实践条件

汽车保养实训室主要设备有学习车辆（轿车或小型货车）、汽油发动机总成大修台、发动机零部件（气缸盖及配气机构、气缸体、曲柄连杆机构、冷却系统及润滑系统组件）、二柱汽车举升器工位、顶起升降设备、工作台等。

7. 评价方法

本课程坚持理论与实践并重的原则，在评价上应采用理论考核和实践考核相结合的方法。注重过程性考核与结果性考核相结合，逐步建立学生的发展性考核与评价体系。

评价方法采用典型职业活动完成过程评价、作业完成情况评价、操作标准及规范评价、期末综合考核评价等多种方式。课程内容中任务 1、2、3、5 为重点考核项目，其他任务可根据教学实际情况进行选择性的考核。具体考核可以根据考核时间、设备及人员配备情况，在重点考核项目（至少选一项）和其他考核项目（可以不选）中选取部分或全部项目进行考核。可以通过实操、口试、项目作业等方法检验学生的专业技能、操作方法、工作安全意识、5S 管理意识、接待客户的礼仪和成本核算方法等。考试项目和考试方法确定后，应按照操作规范、工作安全、5S 管理及环境意识、接待客户的礼仪和成本核算制定详细的考核方案和评分标准。总成绩计算方式如下：

总成绩 = 过程考评(素质考评 10% + 工单考评 20% + 实操考评 40%) + 期末考评(卷面考评)30%

8. 教学资源

(1) 教材

1) 丰田汽车公司编著的《汽车维护与操作》。

2) 陈家瑞主编的《汽车构造》(普通高等教育“十五”国家级规划教材)。

(2) 学材 《汽车保养习题解答》和《汽车保养学习题课讲义》等辅助教学资料。

(3) 教学多媒体 《汽车保养》的电子教案。

5.4.2 汽车文化

1. 课程定位

“汽车文化”是职业 4 级拓展课程，本课程的目的是提高学生对汽车文化内涵的理解，增加学生对汽车知识的兴趣，以便日后具有更宽的就业面和更强的竞争能力。本课程安排在第四学期，总课时为 30 学时，其中理论课占 15 学时，实践课占 15 学时。

2. 课程目标

“汽车文化”是职业 4 级一门专业拓展课程，通过课程的学习，学生能够叙述汽车文化的相关知识，如汽车的历史、汽车的重要发展阶段、汽车的相关法规等。能够区分汽车的类型，解释汽车的型号，根据车辆识别代码了解车辆的相关信息。能够识别车辆上的主要文字、图形符号的含义，同时在学习过程中培养学生文件收集、分类、整理的能力，培养学生在众人面前清晰表达的能力，培养学生的计算机应用能力等。训练学生作为一名合格的汽车制造人员应该具有的素质。

3. 教学起点

本课程属于可选课程，学生在学习本课程之前不需要有很深的专业知识。课程的目的就是激发学生的兴趣。

4. 内容与要求

(1) 教学内容 按照职业能力发展需求选取汽车史话、汽车分类与型号、汽车厂家与徽标、汽车外形与色彩、汽车名人、汽车运动、汽车公害、汽车相关法规变化、汽车命名典故、奔驰汽车历史等作为教学内容。

（2）内容排序　遵循学生的认知规律，以知识点前后衔接安排教学的内容顺序。

（3）教学结构表　教学结构表内容见表 5-113 ~ 表 5-127。

表 5-113　任务 1——汽车史话（2 学时）

学习内容	（1）汽车发明之前，已经具备的技术条件 （2）世界汽车发展历史及主要事件 （3）中国汽车发展历史及主要事件
学习标准	能叙述汽车在发展过程中的主要事件
学习建议	认真学习，在课下到互联网上查阅更多的相关知识，与同学分享
评价建议	以问答形式评价学生的学习效果及学习态度
教学建议	（1）第一节课为学生展示教学计划，让学生从中选择自己感兴趣的题目，到网上查找有关资料，整理并做成 PPT，在讲到相关内容时为全体同学展示，同时也作为评价的依据之一 （2）在教学过程中使用 PPT 课件，尽量加入与内容相关的人物图片，以增加学生的学习兴趣

表 5-114　任务 2——汽车分类与型号（2 学时）

学习内容	（1）按汽车术语分类 （2）汽车产品型号 （3）车辆识别代号
学习标准	（1）能正确理解汽车术语，并根据术语分辨车型 （2）能根据汽车产品型号（国产）解释汽车基本参数 （3）能解释汽车识别代码各部分含义
学习建议	（1）根据车型图片理解汽车术语 （2）根据车型编号实例，学习汽车型号编制规则 （3）根据实例解释汽车识别代码
评价建议	（1）自我评价：自学意识、预习效果 （2）教师评价：作业、提问 （3）互相评价：学生对回答问题评判
教学建议	建议采用讨论、提问、讲解等方法，充分发挥学生的自主学习和团队学习精神

表 5-115　任务 3——汽车厂家与徽标（2 学时）

学习内容	（1）国际著名汽车厂家及其徽标含义 （2）国内著名汽车厂家及其徽标含义
学习标准	（1）归纳总结汽车制造强国的汽车公司与品牌商标 （2）能叙述著名汽车制造公司的发展、特色 （3）复述著名汽车商标的含义
学习建议	在网上查找相关资料，与老师和同学一起分享
评价建议	（1）演讲学生的自我评价 （2）其他学生对演讲学生的评价 （3）教师对整个学习过程的点评
教学建议	（1）由选择本题目的学生课前在网上查找相关内容，做成 PPT，为大家演示讲解 （2）由教师进行归纳、总结、补充

表 5-116　任务 4——汽车外形与色彩（2 学时）

学习内容	汽车外形与色彩的时代特色、地域特色和民族特色
学习标准	（1）能复述不同时代、不同地域与不同民族汽车外形与色彩的特点 （2）能总结汽车颜色的确定依据，颜色的使用对行车安全等的影响
学习建议	在网上查找相关资料，与老师和同学一起分享
评价建议	（1）演讲学生的自我评价 （2）其他学生对演讲学生的评价 （3）教师对整个学习过程的点评
教学建议	（1）由选择本题目的学生课前在网上查找相关内容，做成 PPT，为大家演示讲解 （2）由教师进行归纳、总结、补充

表 5-117　任务 5——汽车名人（2 学时）

学习内容	汽车界有重要影响的人物，如卡尔·本茨、戴姆勒、福特、杜兰特、克莱斯勒、丰田喜一郎、波尔舍、雪铁龙、法拉利等的生平、历史地位、业绩和贡献
学习标准	（1）能说出大部分汽车名人的名字，并说出他们的业绩和趣事 （2）能从这些名人事迹中得到启示
学习建议	在网上查找相关资料，与老师和同学一起分享
评价建议	（1）演讲学生的自我评价 （2）其他学生对演讲学生的评价 （3）教师对整个学习过程的点评
教学建议	（1）由选择本题目的学生课前在网上查找相关内容，做成 PPT，为大家演示讲解 （2）由教师进行归纳、总结、补充

表 5-118　任务 6——汽车运动（2 学时）

学习内容	（1）汽车运动的起源 （2）方程式、勒芒、汽车拉力、山地、卡丁等赛车种类
学习标准	（1）能说出汽车运动的发起背景、种类 （2）能说出赛车运动员的姓名、成绩特点 （3）能说出车队和赛车的名称、成绩、历史
学习建议	在网上查找相关资料，与老师和同学一起分享
评价建议	（1）演讲学生的自我评价 （2）其他学生对演讲学生的评价 （3）教师对整个学习过程的点评
教学建议	（1）由选择本题目的学生课前在网上查找相关内容，做成 PPT，为大家演示讲解 （2）由教师进行归纳、总结、补充

表 5-119　任务 7——汽车公害（2 学时）

学习内容	（1）汽车排放污染 （2）噪声公害 （3）交通事故

（续）

学习标准	(1) 能说出汽车公害的种类与产生因素 (2) 能说出交通事故的种类及出现的概率
学习建议	在网上查找因汽车公害而造成的危害实例
评价建议	(1) 演讲学生的自我评价 (2) 其他学生对演讲学生的评价 (3) 教师对整个学习过程的点评
教学建议	(1) 由选择本题目的学生课前在网上查找相关内容，做成PPT，为大家演示讲解 (2) 由教师进行归纳、总结、补充

表5-120 任务8——汽车相关法规变化（2学时）

学习内容	(1) 汽车问世初期的相关法规 (2) 汽车质量相关标准与法规 (3) 汽车使用相关标准与法规
学习标准	(1) 能叙述汽车相关法规的历史 (2) 能叙述与汽车质量、汽车使用相关的标准与法规，并能用于日常生活中
学习建议	不同法规及标准有其产生的历史条件，在查询到相关法律法规的同时了解当时的历史条件
评价建议	(1) 演讲学生的自我评价 (2) 其他学生对演讲学生的评价 (3) 教师对整个学习过程的点评
教学建议	(1) 由选择本题目的学生课前在网上查找相关内容，做成PPT，为大家演示讲解 (2) 由教师进行归纳、总结、补充

表5-121 任务9——汽车命名典故（2学时）

学习内容	一些历史上比较成功、有影响力的车型的名称由来
学习标准	能叙述历史上著名汽车名称的典故
学习建议	有兴趣的学生可以到网上查阅更多资料，课下与大家分享
评价建议	(1) 演讲学生的自我评价 (2) 其他学生对演讲学生的评价 (3) 教师对整个学习过程的点评
教学建议	(1) 由选择本题目的学生课前在网上查找相关内容，做成PPT，为大家演示讲解 (2) 由教师进行归纳、总结、补充

表5-122 任务10——奔驰汽车历史（2学时）

学习内容	奔驰汽车历史上的重要事件
学习标准	能按照年代叙述奔驰汽车历史上的重要事件
学习建议	作为奔驰公司准员工，应该尽量多地掌握奔驰汽车的历史，可以到奔驰公司网站上了解更多内容
评价建议	(1) 演讲学生的自我评价 (2) 其他学生对演讲学生的评价 (3) 教师对整个学习过程的点评
教学建议	(1) 由选择本题目的学生课前在网上查找相关内容，做成PPT，为大家演示讲解 (2) 由教师进行归纳、总结、补充

表 5-123　任务 11——奔驰汽车车型系列（2 学时）

学习内容	不同历史年代奔驰车系的相关知识
学习标准	能熟练说出奔驰汽车的不同车系及其底盘号
学习建议	掌握近 10 年的奔驰车型系列，以便在日后工作中能顺利分辨车型
评价建议	（1）演讲学生的自我评价 （2）其他学生对演讲学生的评价 （3）教师对整个学习过程的点评
教学建议	（1）由选择本题目的学生课前在网上查找相关内容，做成 PPT，为大家演示讲解 （2）由教师进行归纳、总结、补充

表 5-124　任务 12——汽车的未来（2 学时）

学习内容	（1）汽车轻量化 （2）燃料多样化 （3）电控智能化 （4）能源电动化
学习标准	（1）能总结汽车用轻体材料的特性和应用 （2）总结未来燃料的应用前景 （3）阐述电动能源车的发展趋势
学习建议	通过网络或最新的汽车杂志，掌握最新的汽车技术发展动态
评价建议	（1）演讲学生的自我评价 （2）其他学生对演讲学生的评价 （3）教师对整个学习过程的点评
教学建议	（1）由选择本题目的学生课前在网上查找相关内容，做成 PPT，为大家演示讲解 （2）由教师进行归纳、总结、补充

表 5-125　任务 13——汽车常用的图形与文字符号（2 学时）

学习内容	汽车中常见的文字与图形符号的作用与含义
学习标准	（1）能熟练分辨出不同的图形与文字符号 （2）能辨识常用元件的图形符号，并了解其含义
学习建议	（1）通过课件认识不同的图形与文字符号 （2）到不同的车上查找符号出现的不同位置，解释画有相关符号的开关或按钮的作用
评价建议	（1）演讲学生的自我评价 （2）其他学生对演讲学生的评价 （3）教师对整个学习过程的点评
教学建议	（1）由选择本题目的学生课前在网上查找相关内容，做成 PPT，为大家演示讲解 （2）由教师进行归纳、总结、补充

表 5-126　任务 14——汽车使用常识（2 学时）

学习内容	汽车在日常使用中的基本知识
学习标准	能运用相关知识进行汽车日常使用检查，熟知日常使用注意事项，避免汽车因使用不当而受到损坏

（续）

学习建议	在网上查找相关使用技巧及注意事项，为能够合理使用汽车打下基础
评价建议	（1）演讲学生的自我评价 （2）其他学生对演讲学生的评价 （3）教师对整个学习过程的点评
教学建议	（1）由选择本题目的学生课前在网上查找相关内容，做成PPT，为大家演示讲解 （2）由教师进行归纳、总结、补充

表5-127　任务15——总结测验（2学时）

学习内容	（1）总结所学过的知识点 （2）进行课程测验
学习标准	学生在教师的带领下对所学知识点进行总结
学习建议	用思路图的形式整理本课程中所学的所有知识
评价建议	笔试
教学建议	其中部分问题可以由学生在讲完相关题目后提出

5. 方法与手段

（1）教学方法　本课程以提高学生学习专业课兴趣、培养汽车爱好为主，很多内容可以在网上获得，因此在教学过程中，注重培养学生的资料收集、分类、整理的能力，培养学生的自主学习能力，培养学生在他人面前清晰表达的能力，培养学生的计算机应用能力等。训练学生作为一名合格的汽车售后服务人员应该具有的素质。每次课程为学生展示自己收集整理的资料提供充分的时间，让学生在课堂中不仅可以学到与汽车文化相关的知识，而且可以得到多方面能力的锻炼。

（2）教学手段　应用实物及多媒体课件进行教学。

6. 实践条件

汽车文化实训室。

7. 评价方法

本课程的很多课题都留给学生展示的时间，因此可以通过以下几方面对学生进行评价：①通过传统笔试评价学生学到汽车文化相关知识的多少；②通过考查学生在展示前所做的准备、展示过程中的课件、演讲质量等多个方面，评价学生的学习能力、学习态度及自身素质等。

8. 教学资源

（1）教材

1）唐诗升．现代汽车推介．人民交通出版社。

2）奔驰公司相关资料。

3）网络资源。

（2）教学多媒体　投影、课件、印刷品、图片、视频。

参考文献

［1］ 孙善学. 职业教育分级制度基本问题［J］. 教育与职业，2011（4）：97.
［2］ 孙善学. 从职业出发的教育［J］. 教育与职业，2011（22）：45-47.
［3］ 孙善学. “回到逻辑起点”思考职业教育［N］. 中国教育报，2011-09-19.
［4］ 孟庆国. 现代职业教育教学论［M］. 北京：北京师范大学出版社，2009.
［5］ 徐国庆. 职业教育课程论［M］. 上海：华东师范大学出版社，2008.
［6］ 赵志群. 职业教育工学结合一体化课程开发指南［M］. 北京：清华大学出版社，2009.
［7］ 严中华. 职业教育课程开发与实施［M］. 北京：清华大学出版社，2009.
［8］ 姜大源. 当代德国职业教育主流教学思想研究［M］. 北京：清华大学出版社，2007.
［9］ 姜大源. 基于需求的问题与项目导向的职业教育合作［J］. 中国职业技术教育，2009（32）：5-8.
［10］ 李怀康. 职业核心能力开发报告［J］. 高等职业教育：天津职业大学学报，2007，16（1）：4-8.
［11］ 马树超. 完善职业教育体系条件保障的思考［J］. 中国职业技术教育，2004（2）：9.
［12］ 盛群力. 21世纪教育目标新分类［M］. 杭州：浙江教育出版社，2008.
［13］ 蒋莉. 职业教育主要思潮简评［J］. 成人教育，2006（3）：15-17.